浪奔浪涌

Huangpu River
in the Turn of the Tide

上海市地方志办公室　主编

傅林祥　著

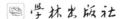

上海人民出版社　学林出版社

总 序

    1949年，中华人民共和国成立之后，上海作为共和国的"长子"曾以突出的贡献赢得了全国人民的尊重；1978年改革开放之后，上海作为全国改革开放的排头兵、先行者，更是以辉煌的成就赢得了全国乃至全世界的瞩目。上海，不仅吸引了全国各地的劳动者来奋斗、创业，还吸引了大批海外企业家来投资。上海的人口已从改革开放初期的1000多万激增至2400万。许多新上海人一边在上海工作，一边被上海这座国际大都市的魅力所吸引，他们渴望了解上海。不仅想了解上海的今天和未来，还想了解上海的昨天；不仅渴望了解一个经济飞速发展的上海，更想了解一个有着丰厚历史文化的上海。新上海人渴望了解上海，那么，我们这些祖辈世代居住在上海的"老上海"就一定了解上海了吗？

    曾经有一位"老上海"问我，我们这座城市为什么叫上海，而不叫下海呢？我说，您是"老上海"了，怎么会不知道呢？老人摇摇头说，别看我在上海生活了一辈子，其实我不知道的还很多呢！除了上海为什么叫"上海"之外，为什么有人说上海有两条"母亲河"？上海明明只有两个租界，为什么有人说是有三个租界？有些影视剧甚至说上海除了英法租界，还有"日租界"和"德租界"，这对吗？我告诉他，这大概就是"不识庐山真面目，只缘身在此山中"吧。像这位

"老上海"那样抱有各种疑问的人为数不少。这说明,即使是我们这些祖辈世居上海的上海人,也迫切需要学习和了解上海的历史和地理知识。

为此,近几年上海市地方志办公室注重运用史志资源,努力把地方志建设成为存史"志库"、育人"知库"和资政"智库",打造具有时代特征、上海特点和全国影响的地方志事业。特别是在志书开发利用方面,下属事业单位上海通志馆发挥地方志"育人"功能和地方志作为"知库"的重要作用,遵循"以真实为前提,以知识为目的,以通俗为手段"的原则,编纂了"上海地情普及系列丛书",陆续出版了《上海地情导览》《海上红韵》《申江赤魂》《海上潮涌》《楼藏风云》《年味乡愁》以及面向青年的《上海六千年》(三卷本)等图书。这些图书一经推出,便在社会上引起强烈反响。

2019年初,根据上海市委、市政府关于"落实'上海2035'总体规划要求,进一步加强黄浦江、苏州河(以下简称'一江一河')沿岸规划建设"的工作部署,制定了《关于提升黄浦江、苏州河沿岸地区规划建设工作的指导意见》,针对人们对上海历史地理知识缺乏了解的实际情况,我们依托志书为"信史""官书"的优势,采取"大学者写大众通俗读物"的方法,首批我们特邀葛剑雄、傅林祥、薛理勇、张雪敏、田兆元五位著名专家学者,分别撰写关于上海源、黄浦江、苏州河、老城厢、古名镇的上海地情读物,配合指导意见的实施,主动服务中心工作。这五本书篇幅都不大,每本书仅五万至八万字左右,内容生动,文字活泼,并配以大量的历史图片,以图文并茂的形式吸引读者,将浩如烟海的地方志文献转化为通俗易懂的地情知识,使地方知识更接地气、更符合大众口味。

这五位专家学者都是学问深、文章好的高手。他们能将复杂深奥的历史地理问题，写得明白晓畅，可读可诵。如，复旦大学葛剑雄教授在讲述"上海的来历"时，这样写道："其实，之所以叫'上海'，是因为这个聚落出现在一条河流的边上。这条河是吴淞江的一条支流，名字叫'上海浦'……这也非常符合聚落形成的规律。一个聚落、一个居民点要形成，要延续下来，肯定要就近解决居民的生活、生产用水，还要考虑到它与外界的联系。在还没有机械交通工具的情况下，最方便的一种运输手段就是水运。所以江南这一带的聚落、居民点，包括那些市、镇、县，毫无例外都在河边、水边。上海就是这么形成的。"

同样，薛理勇研究员在写黄浦江与吴淞江合流，写到上海先后有两条"母亲河"时，也是这样的"接地气"："原来，上海的母亲河是吴淞江（后称苏州河），后来吴淞江淤塞，渐成水患。明朝永乐年间，水利大臣夏元吉奉命主持江南水利工程。他采纳了叶宗行的建议，决心重新调整吴淞江下游的水系。具体做法是，把（上海县城东面的）上海浦拓宽、挖深、延长，使它在今浦东新区与奉贤区接壤的'闸港'处与黄浦相接，成为新的黄浦下游水道，引黄浦之水向东北流，在吴淞口注入长江，排入大海；同时，放弃今江桥以下吴淞江水道，拓宽、挖深、延长一条叫'范家浜'的河流，引吴淞江水向东流入新的黄浦下游水道。这样江浦合流后，吴淞江就从主流变成了支流，黄浦江也就从支流变成了主流，也是从此刻开始，黄浦江就取代吴淞江成了上海的'母亲河'。"这就是上海有两条"母亲河"的缘由。读着这两段文字，就像是朋友间的喝茶聊天，那样亲切，那样和顺。这五本书的文字都是这样的"接地气"，这样的具有"亲和力"。这也是这套书必将广受读者欢迎的一个重要原因。

有人说，上海像大海一样，宽广无垠，深不可测。有关上海的知识，也是浩如烟海，不可穷尽。因此，宣传上海，"让世界了解上海，让全国了解上海，让上海人了解上海",就是一项浩大的长期工程。这正是我们上海市地方志办公室、上海史志学会以及上海通志馆和《上海滩》杂志所应承担的光荣任务,编撰出版"上海地情普及系列丛书",就是为完成这一光荣任务所必须坚持的一项长期工作。在过去的几年内,我们的"上海地情普及系列丛书"得到了许多专家学者和热情的读者以及出版单位朋友们的大力支持。在此,我们衷心地表示感谢!并希望在今后继续得到大家的支持!

此为序。

王依群

二〇一九年五月

(本文作者为上海市地方志编纂委员会办公室副主任、

上海史志学会会长、《上海滩》杂志主编)

陆家嘴

浦江之首

《丹凤楼》画卷是清道光年间（1821-1850）曹史亭临摹前人的作品，描绘了城墙东北角丹凤楼外十六铺一带的沿江景观

外滩十六铺码头依然繁忙

1905 年，从浦东陆家嘴看外滩

市中心区的轮渡从过江的主要交通工具成为欣赏浦江两岸风景的工具之一

晨曦中的浦东

北外滩绿地彩虹桥

目 录

综述：城市因水而灵动

　　上海，与古代吴淞江的一条支流——上海浦同名。上海浦的右边是下海浦，两条河流一同从南向北流入吴淞江。是先有作为聚落名称的"上海"，还是先有"上海浦"这个河流名，是个历史之谜。明代以前，上海浦的上游就是黄浦，正德《松江府志》明确记载："上海浦即大黄浦下流合江处。"在元代，有时也将上海浦称为"黄浦"。上海浦与黄浦等几条河流在明初发育成为一条新的河流，新的河流仍然称为黄浦，又称大黄浦，即今天的黄浦江。

　　南宋以前，太湖流域最主要的河流是吴淞江，江边的青龙镇是苏州的主要港口。黄浦（包括上海浦）从南宋末年以来，成为上海地区最重要的河流，承担着排泄太湖来水的功能，为太湖流域低地区域的粮食生产提供了保障；海舶从这里出航南北，贸易使得这里更加富庶。随着吴淞江的不断淤塞，黄浦却日渐深阔，元代上海浦（黄浦）的宽度已经达到300—500米，与今天的黄浦江平均宽度相似。位于上海浦西岸的上海，宋末开始成为太湖流域的重要港口，元代设立上海县，运送漕粮的海舶可以直达上海县城。

　　明代永乐初，夏元吉治水，现代的黄浦江形成，成为太湖流域的黄金水道，为上海港的发展提供了优良的自然条件。永乐十年（1412），为便利船舶进出，朝廷命令在长江口南岸筑土山作为标识，是为"宝山"（位于今浦东新区老宝山城北江中）。"宝山"的导航，对上海港的发展起着十分重要的作用。太湖流域手工业的发展，商品种类和数量的提高，为上海港的发展提供了商品保证。弘治《上海县志》描述为："上海为海运要津，东南通闽越，西北距江淮。"明代的倭寇和清初的海禁，则对上海港的发展带来了阻碍。

清康熙二十三年（1684年）开海禁，部分开放海区，允许海上贸易。二十六年（1687年）移江海关驻上海县城小东门外。上海步入成为东部沿海贸易大港的历程。乾隆、嘉庆年间，以上海港为中心的五条固定航线全年通航，北洋航线有上海至牛庄（今辽宁营口）、至天津、至芝罘（今山东烟台）三条航线，南洋航线往返于上海与浙江、福建、台湾、两广之间，长江航线通镇江、南京、芜湖、安庆、九江、汉口等主要集镇，内河航线通长江三角洲各地及京杭大运河一带，国外航线由华侨商人往返于上海与日本、朝鲜以及东南亚各地间。

港口的发展，促进了上海城市的发展。清初，上海县城还只有十余条街巷。嘉庆年间，城厢内外已有大小街巷六十余条。城墙之外，街巷主要集中在县城大、小东门以东的沿浦地带，商人们按行业集中在一起经营。港区分布在县城以东的黄浦江沿岸，约在今南码头至十六铺一线的中山南路旁，码头旁"舳舻尾衔，帆樯栉比"。

1843年11月17日上海开埠，为近代上海的发展打破了制度上的束缚，也使黄浦江成为中国最繁忙的航道之一。1845年11月29日，中英双方划定洋泾浜以北、李家场以南

上海鸟瞰

之地为英租界。1847年,美国驻上海代领事强行划苏州河以北的虹口一带为美租界。1849年4月6日,中法双方划定洋泾浜以南、护城河以北、褚家桥以东地区为法租界。此后,三个租界多次扩展,英、美租界于1863年9月20日合并为公共租界。租界的设立,对上海的近代化过程起着十分深远的影响。19世纪50年代中,上海港超过广州港,成为我国最大的外贸港。黄浦江成为沟通上海与世界的桥梁。

租界设立后,殖民当局就在外滩江边建立起十多座码头,在外滩内侧建立起洋行,大洋行都有自己的码头。19世纪60年代,随着轮船的兴起,位于苏州河北岸至提篮桥一带的黄浦江边成为轮船码头区,船舶修造厂也在这里出现。1869年,杨树浦路的建成,使杨树浦工业码头区成为上海近代工业化的一个缩影,发电厂、自来水厂、煤气厂和一批纺织厂在这里建成,"上海之繁荣所以冠全国,其公用事业之发达,当不失为第一大因素"(赵曾钰:《上海的公共事业》)。比之浦西的日新月异,浦东因受黄浦江的限制,只有沿江地区的仓储业发达。

进入20世纪后,上海成为中国的经济中心和文化中心、国际著名的贸易港口和全国最大的工商业城市,在全国有着举足轻重的地位和举世瞩目的巨大影响,人称"大上海"。1927年4月成立的南京国民政府,为了有效地管理这座城市,于同年7月设立上海特别市,直隶中央政府。当时的市政府,也规划过开发黄浦江、建设新市区的蓝图。20世纪30年代,上海市境内的黄浦江两岸遍布码头、工厂,成为中国最繁忙的港口和工业区。

城市因水而灵动。上海浦、黄浦,孕育了宋元时期的上海,使它在远近多个集镇中脱颖而出,发展成为东南地区的一座壮县。一百多年来,黄浦江成为近代上海城市扩张、兴盛的依托,两岸的码头、仓栈(仓库)、渡口林立,工厂、公司密布,成为名副其实的中西文化交流的桥梁。

黄浦江的由来

黄浦江的形成

　　黄浦江是上海市境内最大的一条河流，也是上海的地标河流。滔滔江水东流北折，穿过市中心，至吴淞口汇入长江。

　　今天的黄浦江，干流全长82.5公里。上游位于上海的西南部，有三大源流。拦路港源起淀山湖口淀峰，西北—东南流向，下游称泖河、斜塘，1995年开通的太浦河从西向东汇入泖河。这一支是主流，承泄太湖及淀山湖之水。中间一支上源为浙江的红旗塘，大体呈东西流向，入上海境内后为大蒸港—圆泄泾，承泄太湖及浙江杭嘉湖平原的来水。这两支水在新五厍汇合后，称之为横潦泾。向东流，与大泖港相汇。大泖港上源为秀州塘，承泄杭嘉湖平原沪杭铁路以南和金山区来水。三源汇合后转北流，为竖潦泾。南北向的竖潦泾在米市渡以西，一个九十度转弯，改为向东流，开始称黄浦江。

　　自米市渡开始，黄浦江比较顺直地向东流至闵行区闸港，长28.5公里，河面宽约300米。在闸港西（大治河西口）又是一个九十度转弯，改为南北向，比较顺直地到达市区龙华。从龙华开始，河道弯曲多变，在市中心接纳苏州河（吴淞江），向北至吴淞口汇入长江。从龙华以下长40公里，在水位3.5米时，河面宽度自320米逐渐放宽至770米。河口段比较浅。黄浦江两岸有五十多条支流，从北岸、西岸流入的主要支流有新西大盈—华田泾、油墩港、通波塘—大涨泾、淀浦河、苏州河（吴淞江）、蕴藻浜等，从南岸、东岸流入的主要有张泾河、紫石泾、金汇港、大治河、川杨河等。黄浦江水系在上海市境内流域面积5193平方公里，占全市总面积81.9%。

"浦江之首",位于上海市松江区石湖荡镇东夏村境内,有来自江浙蜿蜒而来的斜塘江、圆泄泾两水在此处汇集,形成一块三角洲形状的宝地,经横潦泾流入黄浦江,此处被命名为黄浦江零公里,即"浦江之首"

吴淞江与黄浦

黄浦江作为上海最大的河流,它最早的名字"黄浦"初见于现存的宋代史籍中。宋代的黄浦仅指今黄浦江龙华至闸港一段。我们目前看到的黄浦江,是在元明之际,由吴淞江河口段、范家浜、上海浦、黄浦(黄浦塘)、瓜泾塘与横潦泾、三泖等多条河流发育而成。

上海地区的河流水网是太湖水系的组成部分。太湖在唐代以前又称"震泽",有很多水道分别入海,史载太湖有娄江、松江、东江三条主要入海河流。娄江故道的位置大致即今江苏太仓与上海嘉定交界的浏河,当时东北向至今太仓北入海。东江故道大致如下:从今江苏角直以西、澄湖以北分松江东南流,经今淀山湖一带,放射状至今杭州湾北部的王盘山一带入海。其支流大约有三支,一支经今浙江海盐境澉浦入海,一支经今浙江平湖境芦沥浦入海,一支经今上海金山区境小官浦入海。东江在唐代已经湮塞,北宋时已经不清楚它的故道所在。松江之名始见于汉代,故道即今吴淞江及虬江。宋代以前的吴淞江河道宽阔,郏乔在北宋政和年(1110—1116年)后说:"吴淞古江,故道宽广,可敌千浦。"当时塘浦的宽度估计约六十余米至近百米,吴淞江宽广的程度由此可见一斑。宽阔的吴淞江成为苏州的一条重要出海航道。

北宋时,吴淞江两岸为五里、七里一纵浦,七里、十里一横塘的网格化水系。南岸主要的支流有赵屯浦(今西大盈港)、大盈浦、顾会浦、盘龙浦、上海浦等。淀山湖从原先的小湖演变为周达二百余里的大湖泊,淀山孤立在湖中央,湖水通过赵屯浦、大盈浦等河流向北流入吴淞江出海。由于涨潮时带来的泥沙大量沉积在河床中,同时在河曲发育、海平面上升等多种因素的作用下,吴淞江的一些河段不断淤浅、弯曲。虽然经过多次疏浚、截弯取直,但是收效不大,仍不断淤塞。河道淤塞造成两大问题,一是不能及时排泄太湖流域的积水,二是影响船舶的航行。位于吴淞江南岸的青龙镇(今青浦区东北青龙村),原先是太湖流域的重要对外贸易港口,由于吴淞江的淤积造成海船难以驶入、停泊,海外贸易就日渐衰落下去。

上海浦、黄浦、黄浦口

南宋末年,位于吴淞江入海口南侧的上海浦,日渐深阔。上海浦与吴淞江的交会处,大致在今虹口区苏州河以北至虬江路一带。"上海浦"之名始见于北宋郑亶《水利书》,为吴淞江南岸大浦之一。现存上海地区最早的方志——南宋绍熙年间成书的《云间志》说"上海浦在(华亭)县东北九十里",华亭县城就是今天松江老城。明代方志说上海浦在上海县治东,说明上海县城东侧的黄浦江即宋代的上海浦。位于上海浦西侧的一个重要聚落——上海,在北宋年间已经置有管理酒类买卖的机构——酒务。南宋后期的开庆年间(1259年),华亭县知县黄震说:"考本县图志,南北东西各有放水之处,东以蒲汇通大海,西以大盈通吴淞江。""蒲汇"即今徐汇区蒲汇塘,东入黄浦江。由蒲汇塘、上海浦入大海,可见当时的上海浦之宽阔。此后在上海设有市舶务,说明已经有一定数量的海船到上海进行贸易,上海成为一个沿海贸易港口。

上海浦的上游就是黄浦。

关于黄浦的记载最早见于《宋会要》一书,南宋乾道七年(1171年),曾任华亭县知县的丘崈说:"华亭县东北有北俞塘、黄浦塘、盘龙塘通接吴淞大江,皆泄里河水涝。"这里的"黄浦塘"应该就是黄浦。关于黄浦的走向,高子凤在淳祐十年(1250年)所作的《南积善寺记》中有所记载:"西林去邑(指华亭县)不十里,东越黄浦,又东而汇北;其南抵周浦,皆不及半舍。寺之在周浦者曰永定,在黄浦者曰宁国,而西林居其中,盖所谓江浦之聚也。"西林即西三林塘(今浦东新区三林镇西部),周浦即今浦东新区周浦镇。据康熙《上海县志》记载,宋隆兴年间(1163—1164)在乌泥泾建宁国寺。此寺与《南积善寺记》中的宁国寺名称相同,而且里距也接近。从乌泥泾的宁国寺出发,越过黄浦到达西林;从西林向南到达周浦,两者路程都不到半舍。结合丘崈、高子凤的记载,南宋时的黄浦是指今天三林镇以西的一段黄浦江,是一条南北向的纵浦。因此,宋代的黄浦大致相当于今天闸港至龙华间的黄浦江。

元代,一些记载已经将上海浦汇入吴淞江之口称之为"黄浦口"。任仁发在大德八年(1304年)疏浚吴淞江,"吴淞江东南黄浦口起,至大盈浦口止一万五千一百丈"。明代黄浦江水系形成后,"黄浦口"这个地名还保留着。清

任仁发,元代著名画家、水利史家

朝康熙十一年（1672年）在吴淞江上置石闸，称之为黄浦口闸。这座石闸，民间俗称老闸，开埠后在老闸附近建有老闸桥（福建路桥）。"黄浦口"一词，说明元代人已经将上海浦看作黄浦的一部分。至元二十七年（1290年），松江知府仆散翰文提出分建上海县，当年得到批准，翌年正式设县。著名画家、水利家任仁发对松江府境内实地考察后，发现当时的新泾（即今北新泾及其上游）、上海浦与平江路刘家港（今江苏太仓浏河）等处，水深数丈，都是主要泄水河道。至元、大德年间，黄浦江面宽"尽一矢力"。以往的观点根据汉人弓箭的射程，认为元代的黄浦江很狭窄，只有70米左右的宽度。其实不然。元代蒙古人用大拽弓放一箭的射程，约为300—500米，已经接近今天市区段黄浦江的宽度。这些都反映了元代的上海浦、黄浦沿着宋末的趋势，在不断深阔，上海县城东面河段的宽度已经与今天相近。

江浦合流与黄浦江

明初，吴淞江继续壅塞，太湖流域多次发生洪涝水灾。永乐元年（1403年），永乐皇帝就指派户部尚书夏元吉到江南地区来治水。这一年，夏元吉主要是疏浚了吴淞江河道。第二年，夏元吉认识到吴淞江下游河口段受潮汐的影响，泥沙淤积，已经难以根治。于是又疏浚吴淞江南北两岸大浦，引太湖水东北向从刘家港、白茆港直入长江。

吴淞江下游的淤塞，水无所泄，对松江府的影响最大。华亭县人、居住在召稼楼的叶宗行向朝廷上书，请求放弃吴淞江下游故道，浚范家浜（今黄浦江从复兴岛至苏州河段），南接黄浦，北接南跄浦口（今杨浦区虬江口）的吴淞江河口段，引黄浦水由吴淞口直接入海（长江口）。永乐帝觉得他的建议很好，就命夏元吉按照叶宗行的提议进行治理,由此黄浦直接入海,史称"江浦合流"。淀山湖和吴淞江上流的水均通过黄浦入海,吴淞江成为黄浦支流。一条新的黄浦(黄浦江)形成,成为上海境内最大河流,黄浦江水系取代了吴淞江水系。

今天黄浦江从复兴岛往北,经吴淞,入长江口,这一段为宋代吴淞江流入长江的河口段。宋代以前的吴淞江河口段相当宽阔,今天杨浦区中部的虬江、走马

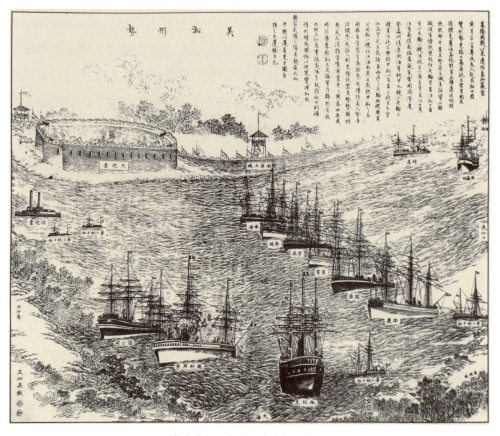

清末《点石斋画报》中的吴淞口

塘两条河流中间的地方都是吴淞江河道。随着海岸线的向东延伸，吴淞江在今复兴岛以北入海。浦东的成陆，使得吴淞江入海口形成一个大的沙洲，宋代称之为清洲（今浦东新区高桥镇及以北地区）。吴淞江到此分为两支，一支经清洲南侧往东入海，一支经清洲西侧往北入海。此后往东一支逐渐淤塞，往北一支成为吴淞江主泓，入海口称吴淞口。明初黄浦江发育完成，吴淞口成为黄浦江流入长江之口，而"吴淞口"之名一直使用至今。

今天黄浦江从松江区米市渡到闵行区闸港一段，历史上称之为瓜泾塘。正德《松江府志》中有明确记载："（黄浦）其首曰横潦泾，受黄桥、斜塘及秀州塘水，东流至詹家汇，为瓜泾塘。演迤而东，凡南北两涯之水皆入焉。至邹家寺，折而北流，趋上海县，东西两涯之水皆入焉。东北会吴松江以入于海。"詹家汇在黄浦北面，大致即今竖潦泾与黄浦江相接处。邹家寺即南广福寺，在今闵行区塘湾镇境，与闸港相对。

由于黄浦是由多条河流发育形成的，因此不同时期、不同的县对黄浦的认识有所差异。

米市渡以上的泖港、横潦泾等水，明代人已经认识到是黄浦的上源，但不认为是黄浦。米市渡以下的瓜泾塘，明代人有时仍称之为瓜泾塘，但是将它包括在黄浦之内，"其实皆黄浦也"。到了清代，瓜泾塘因为水流的冲刷，已经与黄浦一样阔，当地人称之为"黄浦梢"，忘了它的"瓜泾"本名。清代宝山县境内的黄浦，原先是吴淞江的河口段，因而宝山人还是将其称之为"吴淞江"。

黄浦江的别称

宋元时期的黄浦已经有"黄浦塘""黄浦港"等多种称呼,明清两代的文人雅士又给它取了许多别名,如"黄龙浦""黄歇浦""春申浦""歇浦""春申江""申江""黄浦江""浦江"。到了清代中叶,"黄浦江"逐渐成为主要的名称。

春申君与黄浦

"黄浦"名字的原意,已经很难知晓。黄浦之"黄",可以指水色发黄,也可能与黄姓相关。上海地区的许多河流的名字都是以姓氏命名的,如赵浦、李浦、顾浦、王浦,又如赵家浜、江家浜、谭家浜、俞家港等等。明代文人就将黄浦与春申君黄歇附会在一起。

黄歇是战国四公子之一,楚考烈王(公元前262年—公元前238年)时封为相。楚王赐给他淮河以北十二县,并封为春申君。十五年后,因淮河以北与齐国接界,春申君将十二县献给楚王,提议设郡加强管理,并要求改封江东。楚考烈王答应了他的请求,春申君于是筑城于苏州。因为春申君姓黄,明人就将黄浦与春申君附会在一起,说是黄歇开凿黄浦,黄浦因此又称"春申浦"。崇祯《松江府志》称:"(黄)歇因城故吴墟,以自为都邑。治水松江,导流入海,今黄浦是也。因其姓曰黄,亦曰春申浦。"但是明代方志大多用"相传"一词,如正德《松江府志》说:"黄浦,一名春申浦。相传春申君凿。黄,其姓也。"表明修志者认为这只是一个传说。战国时,闸港以北的黄浦江还在海里,两岸还没成陆,春申君为何要在海里开凿一江?谭其骧先生曾一针见血地指出了这种传说的不可信之处。

战国春申君黄歇开黄浦江只是个传说,但是这个传说带来了虽然不真实、但趣味性很浓的故事,也丰富了上海的别名、简称,如"申城"、《申报》等。

浦江与康熙南巡

黄浦又称"大黄浦",并不是单纯因为黄浦本身河流宽阔而称之为"大",而是因为明清时期浦东地区三林塘以北,另外还有一条河流也叫黄浦,是条小河,只有三千三百丈长。因此分别称之为"大黄浦""小黄浦"。

跨塘桥。康熙皇帝南巡两次到松江都在此泊舟上岸

　　黄浦被称为"黄浦江"，一般认为是因为上海开埠后，外国人在上海地图中，将黄浦标为Whangpoo River，又回译为"黄浦江"。唐宋及以前，东太湖流域的河流，最大的河流称"江"，如吴淞江、娄江（今江苏浏河一线）、东江（从太湖东南出，经淀山湖，东南向至今金山一带入海）。吴淞江南北两岸流入吴淞江的河流称"浦"，上海浦、下海浦就是由南向北流入吴淞江。因此，"黄浦江"这一名称中的"浦""江"两字均指河流，从地名学的角度来说，这一名称叠床架屋了。

　　实际上，"黄浦江"一名的出现时间并不晚。康熙四十四年（1705年）二月，皇帝开始第五次南巡。康熙皇帝御驾到达苏州府后，松江提督张云翼于三月十九日前往行宫奏请行幸松江，检阅官兵队伍。三天后，皇帝驾出葑门，走的

康熙皇帝

是水路，经钟贾山到松江府城。在松江行宫，皇帝先是观看皇子射箭，接着自己"亲射二矢皆中"。然后，检阅了江宁将军的八旗兵，两江总督的督标、江苏巡抚的抚标和松江提督总兵官所属绿营兵的射箭。在松江府共驻跸五天。四月乙丑乘船离开，次日抵达嘉兴府。康熙四十六年三月乙亥，第六次南巡时，皇帝夜泊青浦县柘泽桥，次日至松江府城，壬午日由杨家浜入浙江境。据嘉庆《松江府志》记载，康熙四十四年巡历松江府时，作了《船泊三江口》《泛黄浦江》《松江进鲜鲥鱼有怀》等三首诗。《泛黄浦江》诗："飞渡浦江意自如，午潮往返到阶除。欲知震泽分流处，非是观渔触浪余。"皇帝在诗中表达了自己不是来游山玩水吃时鲜，而是来考察江南水利之意。由此可见，"黄浦江""浦江"之名，在康熙四十四年时已经存在。是不是康熙皇帝首创不能确认，但是他已经在使用。

康熙之后，文献中"黄浦江"的记载就多起来了。雍正年间，南汇县首任知县钦琏在公文中说：南汇县城去黄浦江六十余里。如果说诗文、公文中的地名可能有些随意性，至乾隆年间，《金山县志》《宝山县志》等方志中，也采用了"黄浦江"这一名称，代替原先的"黄浦"。开埠以后，1872年4月创刊的《申报》，在新闻报道中经常使用"浦江"，如1872年8月8日的报道谓："浦江各码头之舢板，遇有唤渡之客，则必聚相招揽。稍有行李，彼此攘夺装载，人为东扯西拉，孤客极受其累。昨有新关前巡缉之洋捕，见该船户等兜揽喧哗，不成事体，是以会同水捕一并获解公堂。"1879年起经常使用"浦江两岸"。随着1958年江苏十县划入上海，"浦江两岸"开始泛指整个上海市。

黄浦江在一些诗词中还有其他别称，如高不骞《泛黄浦诗》将黄浦称之为"申浦"："证古东江似，呼名申浦昭，日斜光洒洒，风断势迢迢，估客通群鸟，耕夫沃两潮。沿洄思夏传，治定自前朝。"与康熙皇帝的诗一样，也是诗名用正名，诗中用简称或别称。

说浦东，道江东

安居浦左　乐业浦右

　　明初黄浦江发育形成后，流经华亭、上海、嘉定三县，这三个县都形成了浦东、浦西两大区域。清雍正二年（1724年），析嘉定县东部置宝山县，析华亭县东南部置奉贤县，析娄县、华亭县各一部置金山县，析上海县东南部置南汇县。嘉庆十五年（1812年），析上海、南汇两县地置川沙抚民厅。川沙、南汇、奉贤、金山等厅县的区域全部位于黄浦江以东的区域，因而形成了广义的浦东地区。

　　从闸港往北至今杨浦区虬江口的南北向黄浦江，在明代两岸全部属于上海县，因而狭义的浦西、浦东指上海县的黄浦江两岸地区。1927年划出上海县的北部设立上海特别市，狭义的浦东指上海市、上海县的黄浦江以西地区。浦东改革开放之前，狭义的浦东指浦东大道、浦东南路以西的城市化地区。

　　古人习惯以东为左，以西为右，因而浦东也称浦左，浦西也称浦右。1931年8月28日，王一亭等居住在上海的浦东名流发表《浦东旅沪同乡会宣言》，就是将黄浦江两岸称之为浦右、浦左："盈盈一水，上承三柳，下泄于海……自宝山、上海两县之一部分，而川沙，而南汇，而奉贤，而金山，而松江之一部分。我浦以左，南北迢迢百里间，人口何止百万。自八十年来通商设市，上海遂为世界之上海，我乡人之安居浦之左而乐业浦之右者，又何止数万数十万。有定居者，有暂客者，一皆以上海为中心。"从这里也可以看出，这个"浦左"是广义的浦东。

　　黄浦江从米市渡往东至闸港一段，是比较顺直的东西流向，因而这一段黄

广义的浦东包括黄浦江以南的地区

正德《华亭县志》中的《华亭县境图》，在黄浦江的上游、"语儿泾"的南侧，写着"瓜泾塘"

浦江的南岸,也称之为浦南。从狭义的角度来说,清代的金山、奉贤两县全部位于浦南,华亭县的一大部分和上海县的小部分也位于浦南。上海县可以分为浦西、浦东、浦南三大区域。

江东也是浦东

比较特别是明代的嘉定县、清代的宝山县浦东部分,有一个特别的名称——江东。

今天浦东新区北部高桥镇老街的南侧有条高桥港。这条高桥港的大部分是明清时期的界浜,浜南属上海县,浜北在明代属嘉定县、清代属宝山县。界浜以北,在明清时称"江东"。清末专门记载这一地区的一本地方志——《江东志》,对"江东"的含义作了这样的解释:"江东属直隶太仓州宝山县依仁乡八都(宋曰临江),因在黄浦江之东,俗称江东,亦曰浦东……按:江东之说,由来旧矣。"意思是这一地区位于黄浦江之东,因而称江东,而且时间已经很长了。光绪《宝山县志》认为"江东"不是指黄浦江之东,而是吴淞江之东,依据是:"今之县治(按:即今宝山区友谊街道),旧名吴淞所,前人取以命名,岂臆说乎?"修于洪武年间的地方志《苏州府志》记载:"江湾盐场在(嘉定)县东南八十里,系江东清浦。"洪武年间,夏元吉还没有治水,而"江东"之名已经存在。上海地区在明洪武年间以"江"相称的大河只有一条,即吴淞江或其故道虬江;黄浦还没有称江;长江口当时被认为是海。因此,洪武年间的江东指吴淞江以东。万历《嘉定县志》记载:"界浜西入吴淞江,东入于海。张家浜西入吴淞江,北为李家洪海口。戴家浜西入吴淞江,北为李家洪海口。"这三条河流都在江东。明代东通海的界浜,后来随着海塘的兴筑和河流的淤塞,在《江东志》里被记载为:界浜"南与上海县界,故名。西出黄浦,自西东行,过徐家桥渐狭。又东过鸣鹤桥,仅存一线,相近黄家湾,几成平地。向通护塘港者,今不可复言矣"。这条界浜,即今高桥港和老界浜一线,张家浜、戴家浜在界浜北,现在已经湮没。因此,明代嘉定县、清代宝山县的江东,是指吴淞江以东。

《江东志》卷九收录的顾清泰《清溪八景》诗小序谓"我里僻吴淞江之左,曰小江东",就是指高桥在吴淞江东面,因而称为"小江东"。"小江东"一名,说明作者思维里还有"大江东",即指长江以南的"江东"。《江东志》将江东解释为黄浦江之东,说明在清代后期,上海地区的"江"指黄浦江已经成为主流的观念。

江东与宝山

这个江东地区,在唐朝已经成陆,最晚北宋时已经有人在清洲上长期居住,当时属昆山县临江乡。随着清洲的出现,使得吴淞江河口段出现了分汊,一支向东,一支向北。宋代人已经将吴淞江河口段向北一支认为是干流,向东一支是支流。南宋绍兴七年(1137年)刻石的《禹迹图》,标有吴淞江的明确流向:源出太湖,向东流,折北入长江。

1963年,在平整高桥海滨中学操场时,发现一座古墓,收集到一块墓志铭和三只铁牛、三块墓砖。墓主为黄俣,嘉泰四年(1204年)因病卒于家,享年76岁。从碑文推断出墓主生于南宋建炎三年(1129年)。墓志又载黄俣在世时"五世不分"、而其是第三世,又没有记载黄氏是从他处迁驻高桥,说明其祖辈生于北宋而且长期生活在高桥。墓志又谓黄俣"葬于所居昆山县临江乡清洲之原",说明今高桥港以北地区在宋代称之为"清洲"。

　　明初，为了保障辽东、北平（今北京）和蓟州一带军需供给，沿袭元朝海运旧制，从刘家港向东入海，直达今天的天津。永乐年间，郑和七下西洋也是以刘家港为集结地，再从这里出海。由于长江口地区为冲积平原，没有高山作为船工辨别方向的标识。每当天气晦暗或者是晚上，就不容易辨别方向，时有海难发生。另外，如遇大风发生，附近的船只也没有高山大陵避险。当时，清洲上的集镇称"清浦"，在今高桥镇老街东北二里多。这一地区也称清浦。负责海运的总兵陈瑄奏请在清浦筑一座土山，"方百丈，高三十余丈，立堠表识"。皇帝非常重视，于永乐十年（1412年）御制碑文。

　　明万历十年（1582年）七月，清浦遭遇风暴袭击，海潮冲垮堤坝，宝山和宝山城全部被冲没坍入长江。海潮退后，御碑被人运到今高桥镇北，建立碑亭。1984年，高桥中学重建仿古亭，将宝山烽堠碑立于亭内。

黄浦江的整治

　　黄浦江与吴淞江一样存在淤浅的问题，需要不断的疏浚、治理。上海开埠后，清政府对黄浦江的疏浚持消极态度。甲午战争后，进出上海港的远洋船舶的吨位从此前的3000～4000吨扩大为6000～7000吨，万吨轮也已出现。这对航道的水深提出了更高的要求。当时淤浅的地方主要是吴淞外沙（位于黄浦江与长江交汇处）和高桥沙（即吴淞内沙）。1905年12月，上海浚治黄浦河道总局（又称黄浦河道局）成立，以荷兰人奈格为总营造司，负责黄浦江的整治工程。

约翰·德·奈格（John De Rijke），黄浦河道局总营造司

　　奈格在1876年就对黄浦江进行过考察，他的治理原则是确定导治线，在河口段31公里长度内，上游宽365米，河口宽820米，使航道成为漏斗形，利用上游来水冲刷沉积的泥沙。开工4年，就将原定20年的经费全部用罄。1910年，清政府撤销了黄浦河道局，改设善后养工局。1912年5月，民国政府批准成立开浚黄浦河道局，简称"浚浦局"，由中央政府直接领导。浚浦局的一项主要工程是自周家嘴至虬江口筑坝，在堤内形成了复兴岛的雏形。这些疏浚措施使黄浦江水深增加，航道平顺，有利于大轮船的进出，促进了上海港的兴盛，为20世纪30年代上海的

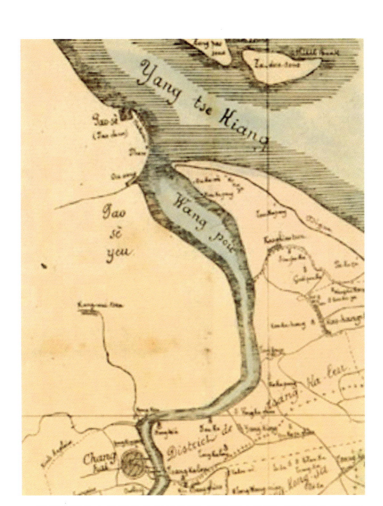

19世纪末西方人绘制的上海县地图,黄浦尚未治理,河口段非常宽阔

繁荣打下了水上交通的基础。

吴淞导堤和吴淞口灯塔

吴淞口未整治前，在黄浦江最后一个弯道——北港嘴最狭处，江面宽度只有370米；在其下游近3公里的距离内，江面宽度骤然扩大到1500米，黄浦江的流速急剧下降。再向外，就是黄浦江与长江交汇处。长江落潮水流中的泥沙，就沉淀在这片广阔的缓流区内，形成吴淞口的拦门沙，即吴淞外沙。随着外沙的增长，阻碍了大轮船的进出。

奈格的治理思路是建导堤，阻止黄浦江水流的扩散，加快黄浦江在退潮时的流速，让江水将泥沙挟带到长江深处，再由长江急流将泥沙冲走。1907年开始，在黄浦江左边筑导堤，右边筑顺坝。左导堤位于黄浦江左岸与长江南岸接壤处，自吴淞王子码头（今海军码头）起，呈弧形向东北延伸，全长1395米，呈半径为2.4公里的弧形。左导堤由四段堤坝组成，于1910年建成。第一段长412米，与海塘相接。1930年前填高后，这段导堤成为岸堤的一部分。第二段长550米，堤顶高度在零上2.75米，低潮时露出水面，人可以在上面行走。第三段长411米，堤顶高度为零上2.3米。第4段长51.9米，并以1：10的坡度逐渐下降至泥面。左导堤终点设有趸船，晚上点灯作为航标。1928年7月改建固定灯标，日夜发光，使用至今。右顺坝于1910年开工，全长1500米，呈曲线形。由三条格堤与岸堤相连，至1911年完工。从此，只要不是涨潮的时候，船舶进入吴淞口，就能看到长长的堤坝耸立在长江江面，长近1公里。夜间，灯塔发出黄色的闪光，为航行的船舶导航。

1933年的吴淞口灯塔

导堤建成后，导流作用明显，吴淞外沙逐渐刷深。1906年，吴淞外沙4.6米深的航道仅宽122米；至1911年，6.2米深的航道宽达213米。导堤的作用是利用水流刷深航道，航道被刷深后也会影响导堤本身结构的稳固和安全。1958年，为防止堤旁河泥逐年被冲刷而导致堤坝向黄浦江滑移，在导堤外侧抛石护堤。1997年又对导堤进行系统维修加固。

高桥沙与新航道

今高桥镇以西的黄浦江，原先是吴淞江的河口段，水面非常宽阔。明末清初形成一个面向吴淞口的沙洲，涨潮时隐入水下，落潮时露出江面。因其位于江中心，称之为"江心沙"，亦称"宝丰沙"。露出水面时，形似一只大鼠，民间俗称"老鼠沙"。又因为接近高桥西岸而称之为"高桥沙"。光绪年间，高桥沙南北长约十里，东西宽三里。出水部分长2.5公里，最宽处约700米。光绪末年，逃荒灾民登上高桥沙，开始围圩造田，开垦种植。他们最早居住的地方，就在现在的草镇一带。

高桥沙横阻江中，使这一段黄浦江形成东北支和西南支两个航道。当时东北支为深水航道，水深6.7米，最深处14米，槽宽210米，为轮船航道，即老航道。但是在出口处有吴淞内沙，滩顶水深仅3～4米。帆船走西南支航道，即新航道。新航道浅而宽，通航水深只有0.6～0.9米，最宽处为1700米，帆船在涨潮时可以通行。1905年11月，有人提议将高桥沙挖掉，因为这里的沙土坚实，可以烧砖砌房。奈格的方案是放弃原先轮船航道，将东侧的老航道堵塞，使黄浦江水集中从西侧帆船航道（新航道）流过，利用江水刷深新航道。

这项工程主要是在高桥沙的两端沿浚浦线建造顺坝，上端长1700米，下端长1620米，逐步限制和堵塞老航道，引导江水流向新航道。在老航道南端建筑

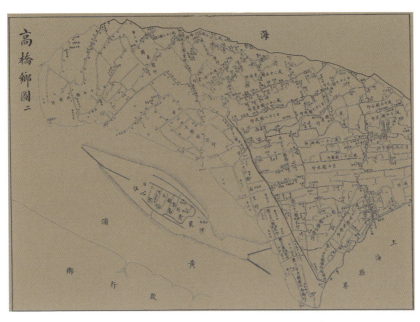

图中的江心沙即高桥沙,南北两端的顺堤已经建成

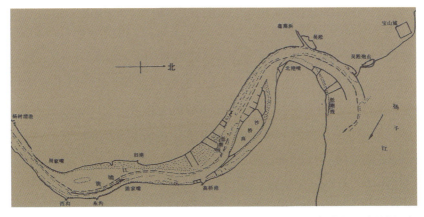

1911年的黄浦江下游,吴淞导堤和高桥沙顺堤都已建成,周家嘴附近有浅滩,复兴岛还没建成

石梗（拦江大坝），阻绝江流，淤沙日夜积淀，新航道挖出的淤泥也填筑于此。在浦西岸边修筑长短不一的单丁坝、双丁坝，用来约束江水。又用5艘挖泥船疏浚新航道。工程从1907年开始，到1909年基本结束。这段航道，1909年通航时水深近4米，次年增深至5.18米。1909年9月15日，新航道设标完成，可以昼夜通航。至20世纪20年代，高桥沙南段已经与高桥陆地相连，北段也日渐涨高，此后全部相连。今天的江心沙路中段，大致就是高桥沙的西侧。

1955年，朱国贤等工程师开始研究改善黄浦江旧浚浦线，1962年提出了高桥新航道的整治方案。随着新岸线的建成，从根本上改善了高桥新航道的水深，滩顶水深保持在8米左右，不再需要经常性的疏浚维护。

复兴岛和鱼市场

复兴岛是黄浦江上唯一的一座岛，一开始称为"周家嘴岛"，因边上的周家嘴而得名。这里最初也是黄浦江中的一块滩地。

1912年5月成立开浚黄浦河道局，简称浚浦局，聘请瑞典人海德生为总工程师。浚浦局在第一个十年整治计划中，最重要的一项工程就是在黄浦江西侧自周家嘴至虬江口筑坝。这一段黄浦江江面骤然宽阔，水道由东折北，水流分散，左侧流速迟缓。而且涨潮与落潮时的水流方向不一致，因而在左岸形成一大片浅滩。涨潮时，沙滩淹没在水中。1915年疏浚主航道时，在沙滩的东侧抛石筑堤，使淤沙沉积。1925年，在沙滩南段区域抛御沉排块石，同时筑堤并吹泥填土。次年7月，南段填成陆地。此后，又在中段与北段抛筑柴排石块并吹填泥土。1934年全岛形成，称周家嘴岛。

周家嘴滩地属于官有土地。1926年冬，浚浦局向江苏省政府提出用40万两白银购买这块1550余亩的滩地。由财政部颁发执照,并经省厅道县等行政机构加盖关防,交浚浦局执管使用。1927年2月,江苏省为郑重起见,命令上海县知事迅速前往周家嘴滩地四周竖立界石,并丈量面积、绘制地图等。

在周家嘴滩地西侧,原先有一条航道,1925年开始浚深,形成一条长3620米、宽57至90米的人工运河,供小型船只航行、使用。1927年12月,在人工运河的南端建定海路桥。全岛形成后,兴建浚浦西路(今共青路)、浚浦东路和一些横向支路(均已消失)。

1934年2月,《申报》等报刊已经将该岛称为"定海岛"。周家嘴岛、定海岛均为当时习惯性称呼。1937年八一三战争爆发,日本海军陆战队强占该岛,并改名为"昭和岛"。抗战胜利后,于1945年10月25日正式改名"复兴岛",先被海军接管,后归还给浚浦局。上海解放前夕,蒋介石在复兴岛上乘舰离开上海。

上海解放后,复兴岛成为燃料、木材、石油、仓储、造船、渔业以及一些工厂企业的重要基地。原浚浦局员工俱乐部改建为复兴岛公园。1976年建海安路桥,方便进出。

复兴岛上曾建有上海近代化的鱼市场。上海传统的鱼市场在十六铺,至1935年已有冰鲜鱼行23家,河鲜鱼行7家。1934年,实业部决定在上海建一座近代化的鱼市场。一开始选址浦东的东沟。10月,选定交通更为方便的定海岛,在岛的北部建立鱼市场,占地四十余亩。1935年元旦鱼市场奠基,建筑包括7层楼的办公楼、拍卖场、仓库、冷藏库、浮码头和浮桥等。同年11月完工,是全国规模最大的鱼市场。1936年4月10日,实业部上海鱼市场股份有限公司成立,5月11日揭幕。为了便利客商,鱼市场商请市轮渡管理处等单位,将原先行驶的沪淞线渡轮停靠鱼市场。同月,私营同济和商轮局也开办了高桥至鱼市场的航线。1937年定海岛被日军占领后,于9月15日宣布结束营业。1938年,日伪政府在齐物浦路(今江浦路)黄浦江畔重建上海鱼市场。抗战胜利后,因岛上鱼市场原址已遭严重破坏,1945年11月,恢复了江浦路的鱼市场。

连接复兴岛的定海桥

码头、航运与海关

上海务与乌泥泾

宋代在吴淞江南岸建有青龙镇,是上海地区主要的港口,也是太湖流域主要城市——苏州的海港。随着吴淞江的不断淤塞,一些沿海船舶因为船型较大,不能驶入青龙镇,就转而停泊到刘家港(今江苏太仓浏河)和嘉定县黄姚港(后坍入长江)。宋末,上海地区的海港已经从青龙镇转移到上海浦,即今市区外滩和十六铺东面的黄浦江一线。当时,黄浦江还没有完全形成,海船是从吴淞口入吴淞江,到今天的虬江码头转向西行,在今虹口区江湾镇东南转南行,直接航行到上海。

宋元时期的上海务

上海作为一个集镇,宋代设有酒务,南宋末年置有专管海上贸易的市舶务,海舶主要来自福建、广东一带。市舶务的设置标志着,上海港从一个内河小码头成为太湖流域的海港之一。咸淳五年(1269年)八月,提举市舶司董楷在任职两年后,决定改善一下上海的集镇面貌,搞了一个建坊、造桥、筑亭的基本建设。虽然市舶司只管商品交易,但是在宋末的上海,是最主要的一个管理机构,它的位置就是明清时期的上海县衙所在地。在市舶司右侧建拱辰坊,拱辰坊背面新建一座益庆桥。在益庆桥南侧凿井、筑受福亭。这片区域是上海的商业街、市中心,因此在亭的四周建了一个小广场,地面全部以砖块填砌,避免了江南多雨造成的泥泞。小广场四周有井、有亭,便于大家休息、喝水。集市东面原先有座桥梁,长期受到黄浦潮水的侵啮而冲毁,于是在附近新建回澜桥,与益庆桥遥相对峙。益庆桥、回澜桥都建在方浜（今方浜路）上。再北为上海酒务，是一个征收酒税的机构。"上海"作为一个地名，最早就是因为上海酒务而得到记载。在上海务旁新建福惠坊。西面为文昌宫，建文昌坊。文昌坊北建致民坊，将坊北的神祠移到别处，建造福谦桥。由此可见，宋末的上海已经有了一个以受福亭为中心的街市商业中心，形成了拱辰坊、福惠坊、文昌坊、致民坊等四个街区，有市舶司和酒务两个税务行政机构。益庆桥、回澜桥、福谦桥的建造，便利了镇上的陆路交通。文昌宫、古修堂的修建，说明上海的文化教育已经初步兴起，需要有专业的文教场所。街区主要分布在北起洋泾浜（今延安东路），南至薛家浜（今薛家浜路），西至今三牌楼街、新路巷，东至黄浦的区域，中心区域在方浜两岸。

元初的上海，有管理对外贸易的市舶司，有管理集市贸易的榷场，新建了负责治安的巡检司，这些官署与军隘、儒塾、佛宫、仙馆，集市商贾鳞次栉比，比宋末更显繁荣。至元二十九年（1292年），上海因民物繁庶而建县。

元代对航海贸易及海上运输极为重视。大都（今北京城区）作为元朝的政治中心坐落在华北平原的北部，所需粮食需要从当时的主要产地江南地区调运。海运具有比河运快捷的优势，刘家港被选为漕粮起运的中心。海运漕粮码头在太仓（今江苏太仓市），漕运海船由刘家港经长江北上。这一举措，对上海港产生了一定的影响，沿海、外国的商船纷纷到刘家港停泊贸易。大德二年（1299年），上海市舶司被撤销。

乌泥泾与黄道婆

乌泥泾是上海以南、黄浦西岸的一条支流，宋代在乌泥泾边上形成一个大

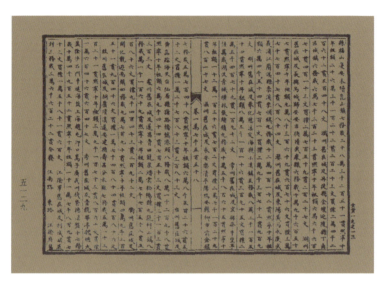

关于上海务的记载始见于《宋会要辑稿》

黄道婆墓

聚落，遗址在今徐汇区华泾镇北、长桥镇南的东湾一带。据方志记载，南宋隆兴元年（1163 年），乌泥泾首富张百五捐建宁国寺、清和桥（俗称长桥），这座桥到1977 年开淀浦河时才被拆除。元代在乌泥泾建有巡检司，商业发达，"人民炽盛于他镇"。

元初没有建上海县以前，华亭县的地方很大，东北乡的民众要将漕粮运送到华亭县城，很不方便。于是官府购买乌泥泾镇上的张俊遇旧宅作为太平仓，存放漕粮，元朝人张梦应在《太平仓记》中写道："为屋四百有九，园馆一十五，地为步三万五千四百八十四，环屋皆水，规模广袤，气象雄伟。"乌泥泾成为漕粮中转码头。上海建县后，全县各地的粮食通过内河小船运输到这里，集中存放在太平仓中。每年海运起运前，仓中粮食仍用小船驳运到停泊在黄浦口的海船，这些海船再到太仓港聚集，一起候时由海路北上。

元初，乌泥泾出了一位影响明清两代上海经济发展的著名人物——黄道婆。她从海南返回故乡，传授纺纱和织造技术，为明清时期上海地区棉纺织业的兴盛奠定了基础。她故世后，当地人立祠纪念。乌泥泾的其他名人有海运创始人张瑄，他在镇上建有住宅，匾额"春光堂"。文人有王逢，于至正二十六年（1366 年）迁居乌泥泾，在此完成《梧溪集》的写作。由于乌泥泾在元代东太湖水系中处于重要地位，任仁发于泰定三年（1326 年）在乌泥泾建了两座水闸，每天依据涨潮、退潮时间关闭、开放，以防潮水带来的泥沙在乌泥泾堆积，影响太湖之水的外泄。明初严禁海运，同时由于上海县城的进一步兴起和乌泥泾的淤塞，乌泥泾镇不断衰落。在弘治年间已经败落，弘治《上海志》谓："今则鞠为草莽，存者无几"。

明代的码头

明代的《上海县市图》

嘉靖年间成书的《上海县志》卷首收录的《上海县市图》是现存的上海第一份城市地图，也是唯一的筑城前的城市图。此图上北下南，图中但见河流纵横，一派江南水乡景象：东侧是黄浦江，江边有新涨出的沙洲——新洲，东西向有北侯家浜、南侯家浜、方浜、肇家浜、薛家浜等八九条河流，南北向也有几条河流，分别穿过县市。县署四周的公共建筑有：四牌楼街以东为巡抚行台、社学、顺济庙、儒学、税课局、察院、仰高祠、水仙宫、济农仓、水次仓等；四牌楼街与三牌楼街间有县署、旌善亭、四明亭、总铺、惠民药局、社学、城隍庙、府馆、山川坛等；三牌楼街以西有积善寺、演武场、养济院、晏公庙、社稷坛和义冢等。引人注目的是，沿黄浦江边有北马头（今东门路外滩）、南马头（即今南码头）。码头边上分别建有接官亭，北码头的接官亭称之为观澜亭，在方浜边上。这是上海最早见诸地图的两座码头。

南码头和北码头

据明代的《天下水陆路程》等文献记载，上海县城与松江府城等内地城市间，有两条水上交通路线。一条是从北码头出发，沿黄浦向北，转西溯吴淞江，三十里至今嘉定区江桥镇，二十里至南翔镇，四十里至陆家阁，向南四十里至今松江区洞泾镇砖桥，三十里到达松江府城。然后由松江城到达当时江南的政治、经济、文化中心——苏州城；也可到达浙江境内的嘉兴府城。另一条是从南码头出发，沿黄浦向南，转西十二里到龙华寺，二十四里至今闵行区的七宝镇，二十里向西到今松江区泗泾镇，三十里到跨塘桥，十四里到今松江区西南的斜塘桥，十三里至今金山区内的朱泾镇，又向西九里到泖桥，十八里到达今天上海和浙江交界的枫泾镇，由此前往嘉定、杭州等城。经上述两条水路前往上海的官员大多在这两个码头登岸。商人运送货物的船只基本上走的也是这两条水路，一直至

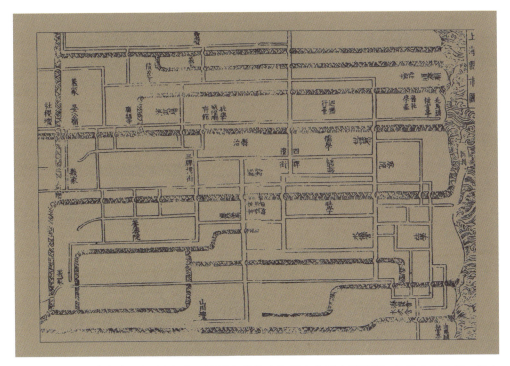

嘉靖《上海县志》之《上海县市图》。地图作者将上海县市作了变形处理，显得方方正正。图上可见北码头、南码头和黄浦江中的新洲

沪南黄浦江码头

上海开埠前,始终是上海与太湖流域其他城市间的主要内河航路。

北码头由于受黄浦潮流的影响,变化很大,清代已经废弃。而南码头这个地名,历经四百多年,见证着上海交通的变迁,一直流传下来。1991年底,南浦大桥建成,它的浦西引桥就造在原来的南码头处。南码头这个地名由此日趋湮没,附近的公交车站名称也由"南码头"改为"南浦大桥"。

最据雄胜江海关

江海关与上海港

清初为了防范郑成功及南明势力在沿海地区的抗清活动,从顺治十二年(1655年)开始实施海禁。上海港与沿海各地及海外各国之间的航运受到严重影响。康熙二十三年(1684年)开海禁,稍后在上海设立江海关,关署在小东门内,大关在小东门外,面朝黄浦,北枕城濠。江海关管辖江苏省的苏州、松江、常州、镇江、淮安、扬州六府和太仓、通州二直隶州的22处海口。最初由内务府官员出任江海关监督,定例一年一换。当时进出上海港的船舶不是太多,康熙六十一年改由驻苏州府的江苏巡抚代管。江苏巡抚就委派上海知县就地管理,知县转派家人去收税。雍正三年(1725年),江苏巡抚张楷觉得这种方式不妥当,奏请委派苏松道监收江海关事。五年后,苏松道移驻上海县城,加兵备衔,同时设立江海关专职官员接受苏松道的领导。

江海关的设立,对上海港的发展影响很大,进出上海港的船泊逐渐增多。江苏巡抚一开始规定商船按省分港停泊:来往于上海、福建的乌船停泊上海港,行驶于江苏、山东的沙船停泊于刘家港。后来浏河口拦门沙快速生长,阻碍了海船进港,转泊上海港。从此,上海港成为南洋、北洋航线的交汇点。

沙船、乌船和航线

从上海出发沿北洋航线行驶的主要是沙船。这种船的特点是底平、吃水浅,

最初的江海关

于 1927 年 12 月落成的江海关

风韵依旧的海关钟楼

适合在沿海有暗沙、浅滩一带的海域航行,故称沙船。元代张瑄、朱清就是利用沙船运送漕粮。明永乐年间郑和下西洋的楼船,也是沙船的一种。在清嘉庆年间(1796—1820年),在上海港的沙船大约有三千五百艘左右。行驶在南洋航线的是鸟船、蜑船和三不像船,沿途海域多岛礁,这几类船底圆、吃水深,适合在东南沿海航行。

至开埠前,上海港的五条航线中,以北洋航线的航运规模最大,全年约有近万艘船只进出,南洋航线为3000艘左右,长江航线进入上海港的约有5000艘,远洋航线从日本、南洋群岛驶入上海港的约有100艘次,长江三角洲的内河船舶进出上海港的有万余艘。进出上海港的主要货物有棉花、布匹、丝绸、粮食和大豆等。北洋航线最为繁忙,由上海绕山东半岛到达直隶的天津港,连接芝罘(今烟台)、天津、牛庄(今营口)等港口,进出的货物主要有南方的棉布、茶、糖和北方的豆、麦、枣等。南洋航线连接浙江的宁波、定海、温州和台州,福建的福州、泉州、厦门和台湾,广东的潮州和广州等港口,输出棉花、棉布、丝罗绫缎等纺织品和皮货,载回食糖和南货等。估计港口货物吞吐量接近200万吨,经济腹地扩展到汉口、长沙地区。长江航线通航镇江、江宁(南京)、芜湖、大通(铜陵)、九江和汉口等港口,均有商船直达。

上海港的码头与笕夫

当时,上海港的码头分布在县城小东门、大东门和小南门、大南门以东的黄浦江边,大致为今黄浦区南浦大桥以北、新开河以南的区域。由于江岸多为沙坡,船舶不能直接靠岸。沿江用砖石砌成踏步式码头,以供装卸工将货物搬运上岸。据统计,从小东门往南至南码头,沿江筑有会馆码头、老太平码头、杨家渡码头、盐码头、洪升码头、萃丰码头、洞庭山码头、德泰码头、万聚码头、外大码头、新码头、生义码头、竹行码头、王家码头、万裕码头、公义码头、求盛码头、董家渡码头、赖义码头、三层楼码头、徽宁码头、三泰码头、新泰码头、丰记码头、油车码头、南码头等共计二十余座码头。这些码头,一类属于某一家大商号所有,如万裕码头属万裕酱园所有。另一类是属于某一行所有,如盐码头专门装卸腊肉、腌货等咸货。官员上下岸有专用大码头,在东门外。乾隆《上海县志》写道:"城东门外,舳舻相衔,帆樯比栉,不减仪征、汉口。"嘉庆《上海县志》说:"城东船舶如蚁,舳舻尾接,帆樯如栉,似都会焉。"这些记载生动地描绘了黄浦江边的繁荣景象。港口的兴起,也带动了上海城市的发展:"地大物博,号称烦剧,诚江海之通津,东南之都会也"。

各店货船运输的粮食、食油、酒等商品,以及航船、报船所载的钱货和婚丧舆轿等物品,由笕夫负责背运上岸。主要经营南货的各洋行(指经营南货或日本、暹罗一带商品的商行,与开埠后西人的洋行不同)货物,如烟、粮、棉花等,全部由杠夫扛抬上岸。乾隆年间,上海县衙划定范围,订立规章制度,各自遵守。嘉庆八年底,上海县知县又为笕夫和杠夫分别议定运价,各店铺的粮食、油酒及航船、报船所载钱货等项仍归笕夫背运,烟糖、棉花及一切洋货归杠夫运输。又按街区分为南街、北街,南街各家商号距码头稍远,运价在北街基础上略有增加。婚丧舆轿,

《丹凤楼》画卷是清道光年间（1821—1850）曹史亭临摹前人的作品，描绘了城墙东北角丹凤楼外十六铺一带的沿江景观。画面上可见江面上沙船云集，岸边闽广商人的行号鳞次栉比，反映出开埠前的上海港已相当繁荣

则由民众自己选择，不再硬性规定由箩夫背运。从上海知县开列的脚价中，可见当时进出上海港的大宗货物有糖（台湾糖、广糖、漳篰青糖、漳赤白糖、小篓青糖、冰糖）、瓜子、海参、海菜、苏木、烟、钱、棉花（厦门、兴化棉花包和崇明棉花包）等。秦荣光《上海竹枝词》形容为："大东门外大街宽，商铺稠繁抵浦滩。官大码头官舫泊，送迎官日聚衣冠。小南门外抵仓湾，街道宽平闹阛阓。直达南仓大街尽，陆家浜上跨桥弯。"这首竹枝词就是对开埠前上海的港区、大东门外的商业区（即此后的十六铺）、接官厅码头和南仓大街、陆家浜等地方的生动描写。

十六铺的兴衰

南市与北市

开埠后，租界迅速发展，因其位于县城以北，被称为"北市""北头"。外国人则将上海县城大东门外的商业区称之为"南头""南市"。民国初年，南市所指的区域扩大到城厢。此后，租界以南的上海县城与城东的商业区被统称为"南市"。

曾经担任过上海英商宝顺洋行买办、轮船招商局会办的徐润，在咸丰二年（1852年）二月的日记中回忆开埠初南市一带景象："咸瓜街当时为南北大道咽喉之区，西则襟带县城小东门、大东门之所出入，东过两街即黄浦，故市场最为热闹。再南则帆樯辐辏，常泊沙船数千号。行栈林立，人烟稠密，由水路到者从黄浦，陆行则必从此街也。再北有潮州会馆、天后庙，界外即是浦江。"

十六铺与南市

清代咸丰、同治年间，为了防御太平军进攻，清朝官员在上海地区搞起了团练组织，将上海县城厢内外的商号组建成一种联保联防的"铺"，由铺负责铺内治安，公事由铺内各商号共同承担。城厢内外共划分为头铺至廿柒铺，因有的铺未能设立，当时实际上划为16个铺。清代的十六铺地处上海县城大东门外，西至城濠（今中华路、人民路），东至黄浦江，北至小东门大街与法租界接壤，南至

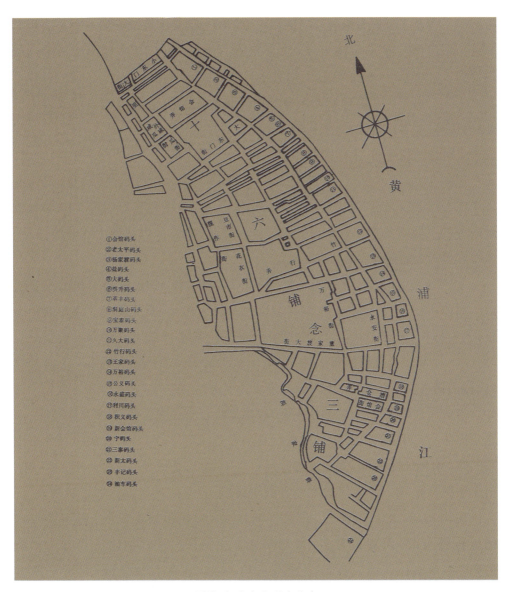

①会馆码头
②老太平码头
③杨家渡码头
④益码头
⑤大码头
⑥济升码头
⑦莘丰码头
⑧荆延山码头
⑨宝泰码头
⑩万聚码头
⑪久大码头
⑫竹行码头
⑬王家码头
⑭万裕码头
⑮公义码头
⑯永盛码头
⑰利川码头
⑱积义码头
⑲新会馆码头
⑳宁码头
㉑三秦码头
㉒新太码头
㉓丰记码头
㉔袖车码头

开埠后,南市的码头分布

万裕码头街及王家码头街与廿三铺相连,是16个铺中区域最大的一个。法租界靠近小东门大街的一带,因为与十六铺接壤,有时也称作"十六铺",设有十六铺巡捕房。宣统元年(1909年),上海县实行地方自治,各铺被取消,各铺的名称也随之消失。由于十六铺地处上海港最热闹的黄浦江边,国内客货运航线集中于此,码头林立,客流量极大,来往旅客和上海居民就将这里称作十六铺码头,一度成为上海港的代名词,十六铺的名称就此保存至今。

民国年间,十六铺泛指今东门路到复兴东路的沿江地段。1982年,上海港务局在东门路以北建成新的客运码头和候船大楼(也就是在2004年12月2日被爆破掉的大楼),小东门以北也被称作十六铺。因此,20世纪的十六铺区域,是随着客运码头的迁移而有所变化的。

十六铺是上海传统的航运、商业中心,也是人流、物流进出上海的主要通道。如前所述,开埠前的十六铺区域已经是码头林立,商业繁华。今天的阳朔路,当时称作"外洋行街",在它的西面有一条"里洋行街",这两条洋行街是当时日本、暹罗一带洋货的集散地,洋货由此再运销到苏州等大城市。上海开埠后,随着内外交流的增加,十六铺一带成为上海最为热闹的地方,客货轮码头林立。沿黄浦江码头是批发商的仓库;银楼皮货行集中在东门路和小东门口;南北货海味行集中在今阳朔路;地货行集中在东门路口;鲜咸鱼行集中在今中山东二路;水果批发在今龙潭路;参茸药材集中在里、外咸瓜街;协大祥、宝大祥、信大祥绸布业三巨擘,都开设在今方浜东路。

民国初年,租界以洋行、出售洋货的商行、娱乐场所取胜,南市及十六铺以传统土产、南货行为多,商业繁盛不相伯仲。十六铺码头当时为招商局码头,专泊长江线及近海宁波线班轮。1927年北伐战争胜利后,一些大的钱庄和商行迁入租界,经济重心北移,南市与十六铺开始衰退。此后又受

于1982年建成的十六铺客运站

"一·二八""八一三"两次战争的影响,十六铺许多地方被炸为废墟,大的商铺全部搬进租界,昔日盛况一去不复返。

　　新中国成立后,原金利源码头归属上海港务局,以客运为主,定名为十六铺码头,每天吞吐着大量南来北往的旅客。至此,十六铺又专指这个客运码头。1982年十六铺客运站启用后,成为全国最大水陆客运枢纽。

华丽转身的十六铺

　　20世纪90年代起,随着公路、航空等其他交通运输业的大发展,水运业不断萎缩,航班先后停止,进出十六铺的旅客日渐稀少。1999年,上海至南通的申通直达客运航班在最后一班客轮的汽笛声中退场。此后,每隔数月都有一条客运航线停航。2001年6月,曾经客流量最多的一条航线——申甬线悄悄停航。10

月,武汉至上海的汉申航线退出客运市场。这条航线是长江中下游历史悠久、航线最长的客运航线,1873年由轮船招商局开辟。至此,繁忙的长江中下游客运历史告一段落。

2004年初,客运码头北迁吴淞。为了建设一个更为美好的新十六铺,使它与外滩风景区相衔接,12月2日凌晨1时,曾经见证过十六铺辉煌过去的客运大楼实施控制爆破,应声而倒。上海人熟悉的十六铺码头终于完成历史使命。

2010年,十六铺改建成为一处集购物、餐饮、休闲为一体的综合性旅游平台,也是浦江游轮的集散地。

今日十六铺码头

各行自筑码头出滩

随着租界的设立和国内外贸易的发展,黄浦江沿岸的码头和港区布局也在不断拓展、调整。

黄浦滩路的兴建

开埠初,进出上海港的西方航船主要是帆船,许多船只停泊在洋泾浜上靠近黄浦的地方。英租界边上的黄浦江沿岸大多为滩地,水很浅,西方航船中的小船也不能直接靠岸停泊。十六铺以东的码头设施简陋,多为土石堆砌的踏步式码头,也不适合吃水较深的西方商船停泊。西方商船就停泊在黄浦江中心,由小船分驳上岸。1845年在外滩建了两座驳船码头,一座供运输英商船只货物的驳船使用,一座由海关验货专用。

1845年11月29日,苏松太道宫慕久公布《上海土地章程》,第三条对租界码头的建造作了专门规定:"码头应公开建在大路通江沿岸,各与其相接大路之量度相同,以便卸货、上货。"当时英租界已经有四条东西向直达江边的大路:一条在海关之北,一条在老绳道旁,一条在四段地之南,一条在领事署地基之南。按照这个规定,当时的英租界可以建造四座码头。章程的第二条又规定:"洋泾浜北首旧有沿江大路,原为粮船纤路,嗣因地势下沉,损坏未修。该地既已出租,各租户应予修复,以便路人往来。但其宽度应为粤海关量度二丈五尺,借免路人拥挤,并防海潮冲洗房屋。路工完成后,官员、拉纤量船者及体面商人均得行走,

1853年的上海外滩

惟禁止无业游民在路上扰乱。除洋商本人货船及私人船艇外，其他各种小船均不准停泊洋商私有地基下之码头，免启争端；惟海关巡船得随时在附近照常游弋；洋商得在码头筑造门栏，任意开关。"沿江大路"就是后来的黄浦滩路，即今天的中山东一路，当时规定的道路宽度是二丈五尺。

　　1846年12月，英租界成立道路码头委员会，专门负责道路、码头的修建。由于这一段江滩太浅，这些驳船码头也是踏步码头，码头从岸边到江中的长度约为十余丈，码头的西侧是纤路（即此后的黄浦滩路），纤路西侧就是洋行。洋行大多为二层建筑，一楼为仓库和办公室。船上的货物经驳船码头直接堆放在洋行的仓库里。小船驳运速度太慢，各家洋行就自行建筑码头，并以洋行名称命名。至1853年，外滩边上已经建有十余座驳船码头，如怡和码头、宝顺码头、和记码头等。

两次建设高潮

　　二十多年后，随着轮船的兴起，船型增大，传统的石砌码头以及是驳船往来

位于外滩的轮船招商局总部大楼

装卸的方式,已经不能适应轮船装卸的需要。轮船载的货物更多,需要在码头的后方有仓库或堆场,以便堆放货物。于是,外商纷纷前往虹口和浦东一带兴建轮船码头。1861年,英商宝顺洋行和美商旗昌洋行在虹口分别建造轮船码头。1870年前后,在虹口美租界沿黄浦江岸,先后建起汇源、怡和等十余座码头;法租界从洋泾浜到新开河建有公正栈、法国轮船码头等。由于浦西沿江岸线有限,外商就强迫上海道按照租界土地转让办法发给道契,在浦东沿江地带购买土地,兴建码头和仓库。这一时期在浦东先后建成的有林赛码头、浦东怡和栈等,主要在陆家嘴附近。1876年,清政府设立轮船招商局,先后在虹口、浦东建立轮船码头,打破了黄浦江边的码头由外商一统的局面。是上海港码头仓库建设掀起第

轮船招商局杨家渡码头

一次高潮。

第二次建设高潮出现在19世纪末、20世纪初。随着万吨大船的进出，原先的码头长度较短，不适应大船停靠。港口吞吐量的增长，传统的人力装卸难以胜任，需要采用起重机械作业来提高效率。这些都是新建或改建码头的动力。新建成的码头有日商的三井下码头、美商的大来码头、英商的蓝烟囱码头等。同一时期建成的还有一批油码头，包括美孚油码头、亚细亚石油码头等。在分布上，新建码头主要在浦东。

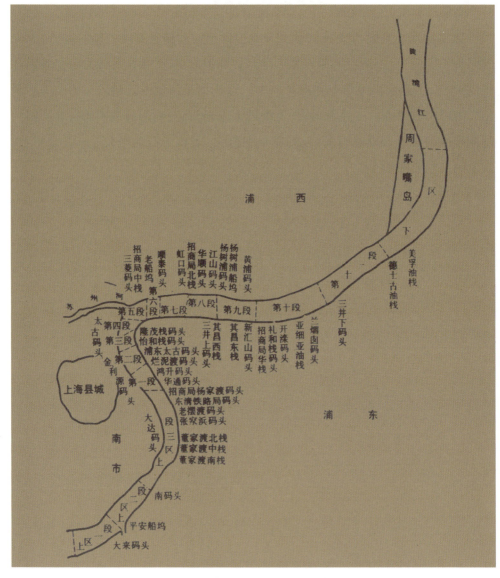

1918年黄浦江两岸的码头分布

说 船 说 渡 说 越 江

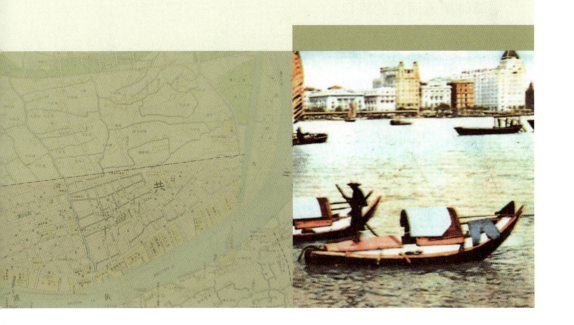

短渡与长渡

　　黄浦江作为上海的黄金水道,为上海港从长三角区域性港口逐渐成为东方大港创造了自然条件,为上海城市的兴起和繁荣奠定了基础。另一方面,黄浦江形成后,就将上海县分割为浦西、浦东。近代以来,由于政治、技术多方面的限制,黄浦江又长期制约着浦东的城市化进程。

　　明代,随着黄浦江的发育、形成,从上游米市渡起至下游吴淞口之间,长达八十多公里的两岸形成了多个渡口和航线。

明清时期黄浦江的渡口

　　明清两代的黄浦主要流经华亭、上海、嘉定(清代为宝山)三县的境内,各县的渡口设置经历了怎样的演变呢?

　　明代的华亭县境已设有米市渡等渡口,正德年间有属于县府管理的渡夫8人。上海县境,正德年间在黄浦江上游瓜泾塘有东西二渡,另外有杨泾渡、范家渡、肇家浜渡、蟹浌渡、乌泥泾渡、黄家渡、邹家渡、彭家渡等,有属于县府管理的渡夫36人。嘉靖二年(1523年),上海县知县郑洛书看到摆渡船太少,就设立了高昌渡、南仓渡、北仓渡、洋泾渡、宋家港渡、车沟渡等六处义渡,给渡船十三只。位于黄浦江河口段的嘉定县境,有小浜口渡、胡巷桥渡、钱家渡等,大致在今宝山区吴淞镇与今浦东新区高桥一带。

　　清初海禁,黄浦江河口段的小浜口渡被取消,只存浦东高桥镇的界浜渡(也称天潢渡）与浦西的钱家渡，各留渡船一只。界浜渡以北水面，禁止船只往来。

清代上海县境段黄浦江两岸渡口最为密集。到了嘉庆年间，上海县境有杨家渡（原杨泾渡）、范家渡（在杨家渡北）、大码头渡（在大东门外，即肇家浜渡）、夏家渡（即乌泥泾渡）、王家渡（即黄家渡）、闸港渡（即邹家渡）、彭家渡、韩仓渡、巨漕渡、沙冈渡、横泾渡（有东西二渡，在闵行镇）、吴冲泾渡（即杜家行渡）、车沟渡（即周浦塘渡）、关前渡、张家塘渡（即蔓笠渡）、龙华渡、草庵渡、周家渡、姜家渡（即高昌渡）、南码头渡（即南仓渡）、董家渡（即北仓渡）、永济渡、老白渡、陆家渡、杨家渡（即利济渡）、关桥渡、宋家港渡、曹家渡、白渡、芦子渡、桃树渡、下海渡、洋泾渡、东沟渡、南跄渡等等。有的船渡一会儿兴一会儿废，万历《上海县志》说："津子逐利，增置非一，名不胜载。"

乾隆年间，华亭县境的黄浦江岸有八渡：米市渡、冯家渡、金家湾渡、叶榭渡（俗称塌水渡）、语儿泾渡、韩仓渡（又名韩昌渡、彭家渡、得胜渡）、彭家渡。至光绪年间减少为七渡，语儿泾渡已经废弃。

划子、舢板和义渡

这些渡口的渡船多为私人所有，体积较小，如划子只能乘坐二三人，船工使用木桨驾船，速度慢，抵御风浪能力很差，上海本地人称之为麻雀舢板，形容其小。据1905年出版的《上海杂志》（署名为吴县藜床卧读生）记载："舢板即沿浦摆渡小船也，粤、闽、宁波人业此者最多，一橹在左，一人独摇，上惟一小篷遮蔽雨日，只能载客两三人。"这些作为摆渡船的小舢板，除了对江渡以外，也可以到稍远的地方，但是要事先讲好船价，以防船主半途停橹要高价。半夜三更或者是一个人时更不可乘坐，以防出事。稍大一点的舢板可以坐五六个人，船上有篷，

划子船

舢板

船工用橹驾船,速度比划子稍快些。

这两种船经常有事故发生。一些官员和士绅出钱设立义渡,采用的是大船,安全性相对较高,后有木橹掌船,并有竹篙撑船,规定每船限载乘客20人。官员或士绅捐出的一些田地(必要时可以收回),由渡夫或其家属耕作,收成作为渡口经费。如乾隆八年(1743年),孙栋捐田给渡夫工食,额载二十人,收费低廉,人给钱三文。同时在高桥镇、江海关北侧分别立碑,刊刻有相关规定。有的士绅还在渡口建有亭子,供过渡的人遮阳避雨。如乾隆四十二年,陆氏捐建杨家渡亭,上题"回头是岸"。

八长渡

黄浦江上的这些摆渡口,从摆渡口出发的摆渡船只到对岸最近的一个渡口,称为短渡;到浦西较远的一个码头,称之为长渡。清代将浦东的老白渡、烂泥渡、陆家渡、高昌渡、南仓渡、永济渡(今董家渡)、杨家渡和周家渡称之为"八长渡"。如浦东周家渡到浦西江边码头为短渡,到南码头距离较长为长渡。其他七条长渡线如下:浦东南码头(即高昌渡)到浦西南码头,浦东姜家渡(即南仓渡)到浦西油车码头,浦东董家渡(即永济渡)到浦西董家渡,浦东老白渡(即老摆渡)至浦西老白渡码头,浦东杨家渡到浦西杨家渡,浦东陆家渡到浦西大达码头,浦东烂泥渡(即赖义渡)到浦西金方东码头。这八处渡口的规模都比较大,周家渡有渡船十三只,南码头有渡船十五只,姜家渡有渡船十四只,董家渡渡船有十八只,老白渡有渡船四十八只,杨家渡渡船为三十四只,其中预备船十只,陆家渡有渡船三十六只,烂泥渡有渡船三十七只。浦西的码头都集中在南市附近。

　　清末，八长渡先是由上海道委托义渡局管理。宣统三年（1911年），上海城厢地区成立自治机构——上海城自治公所，八长渡改由自治公所水巡队管理。城议事会对八长渡专门制定了20条规则，比乾隆年间知县李文耀的规定更加细致。载客数量与乾隆年间相似，大号渡船准载渡客二十人，次号渡船准载渡客十五人。渡船开行时，大号渡船至少须有渡夫三人，次号渡船至少须有渡夫二人，不得减少。渡客带行李或货物时，满百斤作一人，满二百斤作二人，船中即应少坐一二人。如果有轿子要过渡，占用面积较大，船中就少坐五人。渡夫如果私下多载，每超出一人就罚银一元；渡夫第二次多载就加倍罚款，第三次就不准再当渡夫。各渡船按次序开行，不得抢夺生意。遇到烈风猛雨波浪过大时，应该停止摆渡。宣统年间规定，每人渡资为铜圆2枚。如果包船，每次渡资为银币2角、3角。

风里浪里话渡船

李文耀与永济义渡碑

元人张之翰有一首诗描述当时的黄浦摆渡:"黄浦春风正怒号,扁舟一叶渡惊涛。诸君来问民间苦,何用潮头几丈高。"元代的黄浦江还没有全部发育形成,诗中描绘了当时黄浦摆渡的艰辛。历史上,有大量黄浦江渡船倾覆的记载。

明清两代的黄浦渡船大多是小船,抵挡风浪的能力极低。1872年(同治十一年)6月,在苏州河上就有一只小划子渡船发生事故。6月24日上午九点多,有一人要到市区买菜,在苏州河二摆渡(今乍浦路桥西)上了一只渡船。这只渡船是小划子,渡夫解缆摇船离岸不到一丈多,小划子遇到潮水飘摇不定。买菜人头晕眼花,一下子落入河中。附近的几位渡夫同入河中相救,因潮水较大,打捞两个小时仍未找到。这位渡夫进城向县衙自首。同治年间的苏州河与今天差不多宽阔,尚且发生这种事情,在宽广的黄浦江上发生的倾覆事故更多。据姚廷遴《历年记》记载,顺治十八年七月"十六日大风,高昌渡覆渡舡一只,溺者百人,死者六十五人","尸首九日方起"。

当时的摆渡船主要是人力木船,除了一些义渡采用大船并有载客20名的规定,其他渡船大多是私人所有的小船。船主为了多赚一点,常有超载。乾隆十四年(1749年),上海县知县李文耀为杨家渡捐设利济渡船:"上海泽国也,治之大东关外,有江曰黄浦,又名春申浦。南通泖淀,北枕吴淞,其源太湖之水泄入吴淞江,由黄浦以达于海。面阔五十余丈,一望汪洋,每日两潮,水势汹涌,两涯居民非舟楫不得渡。第民间所有之渡船,仅一叶之扁舟耳,招招舟子又多嗜利,非满载不发。故际浪静风恬,尚多不测,若一遇风狂浪骤,恍同箕播,安危判于呼吸。"杨家渡位于上海县城东面,由于这一带黄浦江两岸人口众多,过江者络绎不绝。更为要紧的是上级官员来视察或到浦东察看海塘,必然由这个渡口过江。于是,知县李文耀捐资购买了两只大船,其他的船篙、橹、篷、索等工具也一应齐备。为了防备渡夫勒索渡客,又捐资购买了十二亩田地,给渡夫收息,作为渡夫的收入。同时制订了几条规定对渡夫进行约束。为了防备离任后制度被遗忘、破坏,专门立有永济义渡碑,将规定一一列出:

一、两只渡船分别停靠在对岸,一来一去,渡夫不得偷安懈怠。

二、船身坚固,工具齐全。渡夫要小心撑驾,随时小修小补,夏天由县官给油灰请工匠进行修理。如果渡夫粗心大意将船碰坏,或者将工具遗失,必须赔偿。

三、每船有渡夫两名。如果更换渡夫,须由县官招募合适的人充当,不得私自交替。

四、每只渡船载客二十名,渡夫不可进行超载,摆渡人也要遵守秩序,不得争先拥挤,以免失事。

五、渡夫已有田地的收入作为工食,不许再向空身过江的乘客收取渡资。如果渡客带有货物,每担给钱一文。

六、十二亩田,渡夫可以给家人耕种,也可以租赁给别人。租赁者如果拖欠不交,可以报官,由县官派人追讨。这十二亩田为官产,渡夫不可以私自抵押。

黄浦江中的帆船与舢板

超载，超载，还是超载

同治初年，上海道看到各处渡船经常超载，时常有船倾覆沉溺，将渡船定为大、中、小三等，每等限定人数，大船最多载客20名，遇大风禁止开行。委托上海县最大的慈善机构同仁辅育堂和果育堂负责人每天到码头进行稽查、监督。不久又委托专人办理，设立义渡局专管此事。至宣统三年四月，改归上海城自治公所管理。

虽然地方官员一再对摆渡业进行整顿，但是倾覆事件仍时有发生。1875年1月12日夜晚，有一只舢板渡船从浦东驶向外滩金利源码头。船至江中心，被潮水冲激而翻溺。船上有乘客9人，被救生船当场救起8人，一人下落不明。1876年3月中，从浦西引翔港至浦东沈家滩的一艘渡船载有三十多人，明显是超载。在靠岸停泊之际，乘客争先恐后急着想上岸，都拥挤在船的一侧，使渡船倾覆。因已在岸边，大部分人被救起，4人失踪。第二天，船主奚妹郎与船员王天源到县衙报案。因主要责任在乘客自己，但船主也负有驾驶不善的责任，县官下令将船员王天源笞一百，船主奚妹郎掌责，继续打捞。1911年6月26日夜，浦东杨家渡码头船户张林生，违章超载乘客共三十余人前往浦西。当时天色昏暗，星月无光，又值涨潮之际，水流很急，加上超载船身吃重，在浦西大达码头附近撞上停泊在那里的沙船锚链，船一下子倾覆。救出二十余人，溺毙13人。

民国初年，上海县衙门对航渡各船仍有所规定。如1913年9月，上海县衙门对东沟的渡船规定：大号渡船载客16人，小号载客12人，如载牛马一头减载客5人；根据水道远近，东沟渡船每客收船资20文，西沟收15文，火油池收10文；乘客随身行李不准收费，所带货物可以收船资。

从帆船到轮船

民国年间,黄浦江上的部分摆渡船更新为帆船。如1916年,洋泾港与兰路(兰州路)之间的轮渡改用帆船。这些帆船船型更大,抗风浪的能力更强,安全性增加。但是,黄浦江上日益增多、正在行驶的大轮船又成为危险源头之一。1917年11月16日傍晚六时多,杨树浦摆渡码头的一艘渡船载着五六十名纺织女工,行驶到江中时,正好有一家公司的轮船从码头开出,渡船避让不及,被拦腰猛撞,旋即覆没。附近的水捕房巡捕立即驾驶小轮前往抢救,共救起三十余人,溺毙乘客28人、船夫1人。事后,洋泾镇警察王简文认为:这一事故的首要原因是渡船不遵守规定,多载渡客;其次,渡船都已改为帆船,依靠风力行驶,遇到紧急情况无法控制。警察要求各渡船船主严格执行规定,每船只准载客20人,同时将樯帆撤掉。

1927年起,上海市轮渡管理处管理的渡口航线逐步改用轮船为渡船。在此前后,一些私营航线也采购了一些轮船为渡船,但往往是轮船与舢板、划子混业经营。

轮船与舢板、划子混业经营

轮渡与轮渡线

上海开埠后,得风气之先。但是轮渡的设置,要稍晚于武汉。

塘工局与安泰轮

光绪三十一年(1905年)秋,大风潮,潮位高达5.55米,长江、黄浦江潮溢。八月初三凌晨,飓风骤起,巨潮汹涌,浦东八九两团及横沙的圩塘倒塌,化作汪洋,沿浦一带平地水深数尺。灾后,上海县知县饬令修堤。第二年新塘修好后,上海县知县同意乡绅的呈请,设立官督商办性质的浦东塘工善后局,主要从事海塘养护以及筑圩灌泥、开辟道路、修建桥梁码头渡亭、开挖东沟口,创立小学,施医种痘。局址就在今浦东新区高行镇东沟。

塘工局所在的东沟口,是东沟流入黄浦江之口。东沟是浦东北部的一条重要河流,明代已经建有码头。万历年间,当地人姚群济出资购地,陆华林出资建码头,俗称"姚地陆码头"。清朝雍正、道光年间又多次重修。清末,东沟口沙涨水浅,阻碍船只航行。塘工局成立后的首要任务就是进行疏浚。为了工作方便,塘工局准备租用一艘轮船,往来于东沟和上海之间,便于办理公务。轮船租金、船工工资和煤钱每月需要五百多元,费用较高。于是塘工局想出一个方案,将此船向社会开放,只载乘客,不准装运货物,向乘客收取渡资以减少开支。1911年1月5日,塘工局所属安泰轮首航,从东沟渡口至外滩铜人码头(今南京东路外滩附近)。由此,上海开始进入"轮渡时代"。1917年增停西渡,1919年增停庆宁

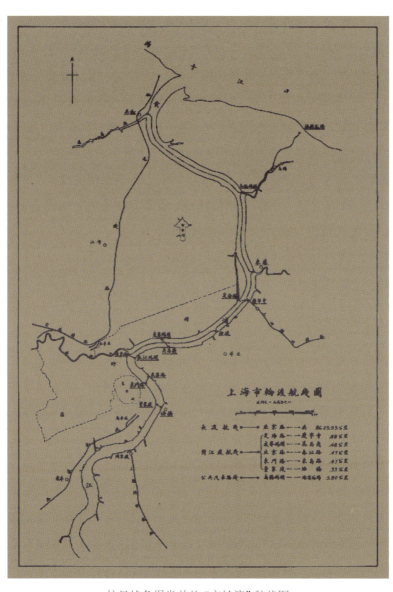

抗日战争爆发前的"市轮渡"航线图

寺。1920年,私营同济和商轮局成立,创办高桥至上海的轮渡。

　　1927年上海特别市政府成立后,颁布《上海市商办济渡规则》,以"本市区内济渡事宜,以市办为原则,在市办济渡未成立之处,得暂归商办"的原则。当时各个渡口、航线乘客多少不一,如果全部由商人承办,客流量多的航线必然是大家抢着办,客流量小的航线就无人问津。这些轮渡就随着塘工局移交市政府,成立浦东轮渡管理处。次年归公用局管理,改组为浦江轮船管理处。1928年底,这些轮渡被称为"市轮渡"。1931年1月又升格为市轮渡总管理处管辖。1933年8月,市政府成立上海市兴业信托社,经营市内各项公用事业,市轮渡总管理处遂归信托社管理,改为上海市轮渡管理处。

开通对江轮渡航线

　　清末民国初年的上海对江摆渡,主要是民营济渡,交通工具为人工摇橹的木驳船。遇到恶劣天气,容易发生事故,或者是停航。此后有少数船渡采用小火轮拖带驳船载客。1927年7月,上海市公用局拟订了《推广浦江轮渡先从董家渡着手意见书》,指出兴办对江轮渡对市民的两大好处:一是节约时间,保障安全;二是平抑两岸地价,过江交通方便后,浦西居民就可能移居浦东。

　　市轮渡管理处在1928年5月开通首条对江轮渡线,从浦西腾越路至浦东庆宁寺,后因腾越路码头淤浅而停运。1931年5月6日开办浦东庆宁寺至浦西定海桥的庆定线,8月13日接办浦东其昌栈至浦西威赛码头的其威线,12月24日开办浦西东门路至浦东陆家渡的东陆乡,1933年2月23日改为至浦东东昌路的东东线。1934年2月6日开通了浦东春江码头至浦西外滩铜人码头的春铜线,次年1月改停外滩北京路码头,改称春北线。1936年3月1日开辟从浦东塘桥至浦西董家渡的塘董线。

淞沪长航线与铜人码头

除了对江轮渡外,市轮渡还开办了沪淞线长航线和西闵线车渡。

明朝天启年间,嘉定孙元化捐设从上海县城到浦东高桥镇的义船,开辟了这条长航线。清代设立宝山县后,高桥镇由嘉定县改属宝山县,称"上宝义船"。宣统二年(1910年),浦东塘工善后局开辟从浦东东沟经庆宁寺、西寺至公共租界南京路外滩铜人码头的长途轮渡线。

1931年3月,市轮渡将长航线延长至高桥,称为沪高线。1932年一·二八淞沪抗战爆发后,淞沪铁路停运,上海至吴淞之间交通陷入瘫痪。战火一停,市轮渡于3月18日以4号渡轮从外滩铜人码头出发,直驶吴淞,每日往返各3班。因班次间隔时间太长,后又开通高桥至吴淞航班。此后虽然淞沪铁路恢复运营,但吴淞与上海之间的交通仍感不便。1933年,在吴淞检船码头开始建筑专用轮渡码头。1934年1月25日,上海至吴淞轮渡开班,每天上午7时起至下午5时止,南京路外滩和吴淞每小时整点开行一班,沿线停靠西渡、庆宁寺、东沟、高桥、光华(光华火油公司,在高桥沙)等处。因为轮船吨位较大,还可以载运乘客的货物。沪太长途汽车公司同时将路线延伸到吴淞轮渡码头,方便宝山、杨行的乘客。因沪淞线乘客众多,1935年添造市轮渡6号轮投入使用。

淞沪长渡线的终点站在市中心的铜人码头,即今北京东路外滩。这里同时是对江渡春北线的码头,客流量巨大。铜人码头是公共码头,所有船只都可以停靠。船只、人群都拥挤不堪。码头又无售票亭、候船室,乘客苦不堪言。这里是公共租界最繁盛的区域,缺乏空余岸线,无法改造。市轮渡与公共租界工部局经

铜人码头

过多年磋商，工部局终于在1934年答应将北京路外滩原有的第十五号公共码头向南迁移，让出岸线48.77米，无条件免费供给市轮渡自建码头之用。市轮渡公司于是在这里建造钢质双层浮码头一座、浮桥两座，于1935年1月28日开始停靠渡轮。

轮渡码头可同时停靠两艘渡轮，建筑材料全部钢质。双层浮码头分上下两层，下层北端为入口。有售票窗五个，分别售对江渡、长渡（淞沪线）头等、二等及上川联票。对面为消费社，出售糖果、点心、水果，兼兑换银洋。附设祥生汽车公司代雇处及公用电话。过售票处即为长渡及对江渡候船处，内设阅报处、饮茶室。南端为出口，用铁栅栏与入口隔离开。这种设计充分考虑到了乘客的多种需求。上层为轮渡公司营业科办公室和特等票售票处、特等乘客候船室。上层南侧为水上饭店，专售西菜茶点，供时尚人士餐食之用。

1932年，由全国经济委员会主持，在连接沪杭公路的西渡、闵行两岸筑成码头。10月10日沪杭公路全线通车，投入经航号车渡轮，西闵线车渡通航。这是全国第一条官办汽车渡航线。由此，战前的上海形成了一个以市轮渡为主、商办民渡为辅的渡运体系。

南码头的车轮渡

抗日战争时期，黄浦江对江轮渡和西闵线车渡遭到严重破坏。抗战胜利后，黄浦江两岸的轮渡线逐步恢复营业。上海市公用局成立上海市轮渡公司筹备处，于1947年2月正式成立。公司将战前的庆定、其威、东陆、春北、塘董等五条对江航线调整为上定、其泰、东陆、春北、塘董等五条对江人渡线。

1946年，市公用局核准营业的黄浦江民营济渡共有20条：周家渡至江边码

董家渡轮渡码头汽车上岸

头,周家渡至天文台码头,周家渡至陆家浜,南码头至陆家浜,草泥塘至毛家弄码头,杨家渡至大码头,坟山码头至虹桥港口,咸塘港至华盛路,民生路至安东路,洋泾港至安东路,西渡至广信路,东渡至腾越路,庆宁寺至洞庭路,六里桥至董家渡,泰同栈至公平路,曹家宅至日晖港,白莲泾至花园港,永安纱三厂至永安纱三厂浦东部分,姜家渡至油车码头。民生公司经营浦东民生路至浦西安东路(今丹东路)之间的轮渡线。个体渡工仍以舢板、划子或小火轮从事对江摆渡。

　　1947年底,市轮渡公司的南陆线(南码头至陆家浜路)车轮渡通航。上海的仓库和码头大多在浦东,消费市场和转运枢纽都在浦西,在黄浦江上造桥或隧道的计划又实现不了,建造车轮渡成为最现实的方案。专家提出的方案是在虹口(浦西兰州路至浦东洋泾港)、十六铺(浦西东门路至浦东东昌路)、陆家浜(浦西陆家浜路口至浦东南码头)三处,最后选择费用最少的南市陆家浜路。在陆家浜两岸建造码头的用地,除少部分需要征购外,大部分是公产,动迁费用较低。陆家浜路南近南火车站,北通市中心,西与徐家汇路相连直达沪西。浦东的南码头路已经在兴建,竣工后可直达浦东大道。至1949年,上海市轮渡股份有限公司共有渡船19艘、码头14座,年载运过江量约1000万人次。

轮渡的辉煌与寂寥

　　上海解放后,人民政府于1949年12月接管市轮渡公司,开通的对江渡有东东、塘董、庆定、其秦、陆北等五条航线,长渡线自北京路外滩至高桥航线,另有南陆线车轮渡。1956年完成对私改造后,市轮渡公司统一经营全市的渡运业,许多新型的渡轮投入使用,码头不断得到改造。1958年,上海等县划入上海市。黄浦江两岸的轮渡全部由市轮渡公司承担。至1960年,黄浦江上开通有15条对江轮渡线：西闵线、周江线、塘董线、东东线、泰公线、民安线、庆定线、淞三线、耀鲁线、南南线、杨复线、陆延线、其秦线、西宁线、草临线，以及三条车轮渡线：西闵线、南陆线、民安线。

20世纪80年代，黄浦江两岸共有轮渡线20条，最上游的是米市渡至塘口轮渡线，最下游的是吴淞至三岔港，其中周家渡至江边码头、塘桥至董家渡、东昌路至东门路、泰同栈路至公平路、民生路至丹东路、上川路至定海桥为通宵班。各个轮渡站附近有多条公交线经过。20世纪八九十年代，也是上海轮渡最繁忙鼎盛的时期，市中心的对江航线平均间隔1.4公里，每天客运量达到100万人次，年最高客运量达3.7亿人次。

随着市区人口的增加，浦西沿江的杨浦、虹口、黄浦、南市、卢湾、徐汇等区及许多大型企业，为了解决住房难问题，于20世纪80年代，在各区的浦东地域建造了大批新工房。这些浦东的新居民的工作单位仍在浦西，使得黄浦江轮渡压力极大。1987年12月，陆家嘴路轮渡站发生了"12·10"惨祸，共有16人死亡。1988年以后，随着延安东路隧道和南浦大桥的建成，过江的车、客运量开始分流。此后，联通黄浦江两岸的隧道、大桥日益增多，上海城市公共交通格局发生了巨大变化，过江公交线增加，过江轮渡的客流量不断减少，陆延线（陆金线）、东东线、周南线（南南线）、周江线、后鲁线、后江线等一批航线先后被关并。随着米市渡的停运，所有汽车轮渡全部停运。市中心区的轮渡从过江的主要交通工具成为欣赏浦江两岸风景的工具之一。

市中心区的轮渡从过江的主要交通工具成为欣赏浦江两岸风景的工具之一

民国年间的建桥、建隧道设想

民国年间，黄浦江两岸虽然只相隔五百多米，除了陆家嘴沿江地带有仓储业和码头外，今天浦东大道以东的地区，在许多方面保持着传统的状态，举目所望，仍是田园农舍。两岸虽然有许多船渡，大家仍然感觉不方便，多次有建造大桥、隧道的动议却未能实现。孙中山也在《建国方略》中提出了一个大胆的想法：将高桥镇以南至龙华的黄浦江放弃，在浦东另开一段新的黄浦江，"而现在上海前面缭绕潆洄之黄浦江，则填塞之以作广马路及商店地也"。

贝伦慈开启浦江大桥梦

1921年7月底，美国土木工程学会会员贝伦慈在上海循环俱乐部发表演说，提议在黄浦江上建造桥梁。他认为，在黄浦江上造桥和改进上海的交通是迟早必须解决的事情，造桥与上海港口的改良有着重大关系。江桥建好后，铁路可以延伸到各大码头，汽车也可以进入港区，浦东地区由此可以发展为工业和居住区。对于市民来说，浦江两岸如果有一座大桥或数座大桥相连接，电车、汽车和行人步行来往都很方便。贝伦慈还当场展示了他绘制的黄浦江浮桥图。

1931年，又有人提出了在黄浦江上建设大桥的设想。当时有下面几个理由：一是上海市的浦东面积大于租界，有发展的空间，北临杨树浦，可停泊万吨轮。当时大件商品基本上在浦东各码头装卸，运到浦西仍要经过驳

孙中山先生《建国方略》中的改造黄浦江设想

运，如遇风浪就不能及时转运。二是浦江两岸的交通完全依赖轮渡，若遇暴风骤雨，怒涛澎湃，渡船容易发生意外。三是浦东的居民数量、商业发展程度等各方面都不如浦西，有发展的要求。为了节约经费，市区江面最狭的南市大码头南面是最佳选址。有人主张建造可容火车、电车、汽车、行人来往的桥梁。也有人提议，为了便于黄浦江上万吨轮的进出，应该建造钢铁活动浮桥，长约1800英尺。造桥费用，由商民承垫，政府派员会同承办商民组成保管委员会，共同保管。仿照沪闵长途汽车公司征收养路费办法，待建造完成后，向通行的车辆收费，还本付息。规定一定的年限，本息还清后，桥梁归政府管理。除了造浮桥，也有造钢桥的设想。浮桥受潮涨潮落的影响，会有偏倚的趋势，不利于车辆通行。而且桥梁建成后，因为处于市中心，来往车辆数量众多，重型卡车经过浮桥时也可能不是很便捷。钢桥虽然造价较高，但是更有必要。

当时广州珠江大铁桥也是开合式桥梁，正在施工中，对上海绅商是一大刺激。1931年2月，有商人发起筹备会，并与德国孟阿恩桥梁公司订立草约，拟造钢质浮船桥梁，地点在南头（即南市）董家渡与浦东董家渡之间。桥长1200英尺，桥面宽46英尺，分为电车路一道（在桥梁中间，供有轨电车行驶）、汽车路两道（汽车、货车、马车、手推车均可行驶）、行人路两道（位于桥两侧）。桥面高18英尺至20英尺，可供小船通过。桥梁的活动一段，可推开至180度，开口宽213英尺。此后，市政府工务局约谈发起商人，发现经费没有来源，图纸过于简单，要求提供造桥经费及图纸的详细计划。最后不了了之。

1937年，随着大上海计划的实施，浦东市民呼吁建造黄浦江大桥的再次出现，并提议桥梁选择应靠近市中心区。市政府以正在筹措经费回复。

茅以升与越江工程计划

抗战胜利后，租界收回。当时各界对上海的发展比较乐观，认为战后随着人口的增长，工商业的正常发展，上海必将突飞猛进。世界大都市的市区大多在河流两岸平均展开，黄浦江限制了上海的发展，因而希望在黄浦江上建造大桥。如何发展浦东，使得浦江两岸能均衡发展，成为新成立的上海市都市计划委员会讨论的话题之一。黄浦江作为上海的港口，浚深黄浦、扩充码头和两岸交通工程成为港口建设的三个重点。有人建议将浦东规划为工业区，在浦西与浦东间建立大桥和地下隧道。建桥存在着两个不易解决的问题，一是建筑费用太贵，二是技术上存在难点，假如在南京路外滩造越江大桥，桥基（也就是引桥）要延伸到跑马厅（今人民广场和人民公园）。1946年，上海市政府成立越江工程委员会，聘请著名桥梁专家茅以升为会员及技术顾问，同时委托茅以升的中国桥梁工程公司负责越江工程的设计。

中国桥梁工程公司提交的《上海越江工程研究报告》提出了四种越江方法：隧道、高架固定桥、低架活动桥、在上游建固定桥。专家们讨论后认为，为了适应上海港的发展和满足国防的需要，江南造船所（今局门路、龙华东路以南）的下游不宜建固定式高架桥或活动桥，应建隧道。在选址上，通过对中正东路（今延安东路）外滩、十六铺、董家渡和日晖港四处的论证，认为在中正东路外滩建一条双车道的隧道通往浦东比较合适。

茅以升在1947年8月17日通过电台广播，向市民介绍了越江工程的重要性和存在的难题。他认为，无论是建在空中的桥梁，还是建在水面的浮桥，或者是建在地下的隧道，在工程技术上都是办得到的事。黄浦江是上海的生命线，越江工程就是浦东的生命线。

在水面建浮桥，首先被茅以升否定。黄浦江上大小轮船川流不息，造浮桥必然要影响黄浦江的水上交通，越江工程不能影响上海的生命线。造隧道最理想，不影响黄浦江的通航，但费用实在太高昂。

造桥有两种方案，一种是高桥，水面上要留一百尺以上的净空，当时最大的轮船能在桥下通过。假设是在中正路（今延安东路）外滩过江，那么桥堍（即引桥）就要延伸到大世界，也就是今天的延安路西藏路交叉口，这样车辆才能安全上桥。不利之处，一是对市容、地产影响很大。其次是在外滩一带的汽车为了过江，还要回到大世界才能上桥，增加了开车人的时间成本。另外一个方案是建低桥，遇到大轮船过桥时，桥梁中的一段可以开启，从平放变成竖立，让出一段水路，让轮船通过。这样就不用很长的桥堍，优点是省钱，估算是隧道建筑费用的四分之一，缺点是桥上车辆不方便。茅以升认为如何筹措经费是最主要的问题，技术上有难度但都办得到。

1948年，委员会综合了茅以升、许宝骅和其他专家的建议，认为有四种方案可以选择：一是建隧道；二是建筑高架固定桥梁，使大吨位船舶能够通行；三是建低架活动桥梁，在规定时间开闭，让船只通过；四是在黄浦江上游建固定式桥梁，中型船只可以通过，大型船舶只能停泊在桥梁以下的河段。四种方案，所需经费预算有高有低。

当时都市计划委员会的其他专家，也认为浦江两岸无论是建大桥还是地下隧道，条件还不成熟。一是建造费用太高，二是建造在技术上有难度。假如在南京路外滩造越江大桥，引桥要远至跑马厅（今人民公园）附近，对市区影响太大。而且引桥的建造，必然使得相应道路的空间受到压缩，反过来也增加了市区交通的壅塞。1948年9月，上海市越江工程委员会制定了《上海市越江高架浮桥计划书》，认为桥梁、隧道计划虽然很好，但是工程艰巨，限于经济条件而不可能实

施。提议建设高架浮桥，具有以下四项优点：一是建造浮桥是利用浮船浮力，不用建桥墩沉箱等花费巨大的基础工程；二是浮桥采用活动式，中间可以开启，可以维持航运交通；三是浮桥位置可以迁移；四是浮桥桥架的高度较低。拟建的位置在浦西的董家渡，江面比较狭窄，距离市区不远。桥长约347米，两端各有固定式浮船六只，中间为活动式浮船四只。配套工程有浦东塘桥路、沿江公路的兴建，浦西董家渡街、小南门街等一批马路的拓宽，将外马路拓宽为沿江公路。同年12月，越江工程委员会经过论证，估算建造隧道约需美元2000万元。

因为经费太大，这一次仍是不了了之。有人作诗发牢骚："盈盈衣带隔西东，长恨无桥路不通。又报造桥新计划，廿年以后一场空。"随着内战的爆发和国民党政权的迅速崩溃，越江工程只是一个计划。

商埠、新市区与工业区

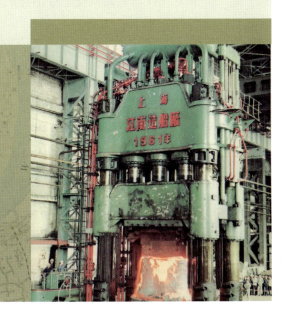

闲话吴淞开埠

黄浦江两岸除了码头和货栈外,还建有多个工业区如江南制造局、杨树浦工业区以及1949年后的闵行、吴泾工业区。建设商埠与租界竞争,是许多人的梦想,于是有吴淞自开商埠。

淞沪铁路与吴淞第一次开埠

黄浦江在吴淞口汇入长江口,从外洋驶来的海船,通过吴淞口溯黄浦江到达上海。位于吴淞口与蕴藻浜交汇处的吴淞镇,军事地位极其重要,清代在此筑有炮台。

1843年上海开埠后,在黄浦江汇入长江的吴淞口内外,有两个很大的沙洲,吴淞口内的又称吴淞坝。开港初期,进入上海的外国船只以帆船(又称航船)为主,平均吨位在300吨,最多不超过500吨,吃水一般在10英尺以内,非常容易进出。随着苏伊士运河通航,轮船代替航船,进出上海港的船舶吨位不断增加,涨潮达到高水位时,部分轮船仍然不能过坝。英、美、法等国领事和外国总商会提出疏浚黄浦江浅滩的要求。主管长江下游对外交涉的两江总督认为淤泥的聚积可以阻止外国军舰驶入黄浦江,清政府也拿不出钱来进行疏浚,再加上沙洲影响的只是少数大吨位轮船的进出,普通船只还是可以自由进出,于是采取了拖延的态度。

面对清朝官员的这种态度,外国商人想出一个计策:在大轮船停泊的吴淞口，与租界所在的上海之间，修筑一条铁路。这样，大轮船不用驶入黄浦江，在吴淞口直接将货物卸到岸上，然后由火车运到租界。1866年3月，英国驻华公使阿礼国照会清政府管理涉外事务的总理衙门，要求准许英国投资建造这条铁路。总理衙门与两江总督照例以"妨碍多端"为由，没有同意。

此后，外商吴淞道路公司谎称开筑马路，骗取了上海道的同意，取得了从虹口向北直达吴淞一带的筑路用地的购买权。1876年1月20日，开始铺轨。6月30日，从虹口天妃宫（在今河南路桥北堍）到江湾徐家花园一段铁路建成，全长5公里。然而全路还没筑成，就被清政府借机买回拆除。

面对吴淞口的涨沙与迟迟没有动静的疏浚，法国领事认为应在吴淞建立法租界，日本报纸认为黄浦江淤沙最终将无法可治，日本应当在吴淞建立租界。清朝政府也逐渐认识到"自开商埠"是防止列强扩张势力的一种办法。1897年冬天，英国领事提出，停泊在吴淞口外的兵舰准备借用吴淞营地作为操场。这一要求被拒绝，也促使两江总督刘坤一采取对策。次年3月，刘坤一向朝廷上奏：上海商务日益发达，各种船只由大海入黄浦江，以吴淞为要口。因为拦门沙的存在，公司轮船必须起货转运。现在淞沪铁路（1897年1月开建）将要竣工，来往货物必将增加，请于该处自开商埠，允许中外商人一起居住，仿照上海租界开辟马路、建设巡捕房等，认真办理。4月11日，总理衙门发出吴淞开埠以利于各国通商的消息。9月26日，吴淞开埠工程总局成立，吴淞正式开埠，同时设江海关分卡。

清政府最初设想的商埠区域是将炮台迤南至天后宫之间的一平方英里的区域作为各国公共通商场。此时，由于上海地价已经高涨，中外商人听说吴淞开埠，纷纷前往买地，使得吴淞地价猛涨。清政府公布的公共通商场只有这么一块地方，对于许多在蕴藻浜以南购地的外国商人来说，将遭受很大损失。在各国驻

1876年7月外国人在上海修筑的第一条铁路上海至江湾段建成通车,图为居民沿途观看火车通过

京公使的施压下,总理衙门批准了新的吴淞商埠范围:北起炮台,南迤蕴藻浜南的牛桥角,长达四英里;东西宽度为从黄浦江边起,向西一英里。后经负责勘定地界的沈敦和勘定界线,范围有了很大的扩展:北过炮台至南石塘东西大路为界,南至陈家宅止;东西宽度扩大为三里。

此后的两年间,先后建成了外马路(今淞浦路东段)、永清路(今淞宝路南段)、上元路(今塘后路)、常熟路(今水产路)、新宁路(今塘后支路)、民康路、镇海路(今东浦路)、中兴路(今北兴路)和金山路(后废)等九条马路,并建成蕴藻浜木大桥。

1901年7月,清朝与英美八国签订《辛丑条约》,其中一条为开浚黄浦。约定设立黄浦河道局,经营整理改善水道等各项事务,河道局的组成人员以外国人为主。1907年河道局与洋商订立疏浚黄浦的合同。随着黄浦江的疏浚,大吨位轮船可以直接驶入黄浦江到达上海,吴淞就失去了作为商埠的必要性。吴淞第一次开埠自然结束。

张謇与吴淞第二次开埠

清末第一次开吴淞商埠,只是简单地开放一块通商场,并没有起草城市规划。民国年间的第二次开吴淞商埠,有了较为详细的城市规划大纲。

吴淞第二次开埠,是在"苏人治苏"的地方自治主张下产生的。创办一个新商埠与上海竞争,或者达到淞沪合一的趋势。1920年11月4日,经江苏省省长、督军齐燮元报请,大总统令任命大实业家张謇担任商埠督办。《大陆报》对此报道:"北京现拟沿蕴藻浜以南之黄浦建筑码头与十方哩之马路及电车道,其目的在创办新商场,与上海竞争。"1921年2月12日上午9时,吴淞商埠局开幕仪

张謇

式在吴淞镇旧提镇行辕举行。吴淞正式第二次开埠。督办张謇认为，商埠局首要的事务为划清界址、筹划水利交通，规划沿江码头、堆栈和工厂区。在做规划之前，先要做好测量。2月23日，吴淞商埠局向江苏督军、省长报送《吴淞商埠局组织规程》共20条。商埠局负责建筑工程的规划、核定，官地、民地的调查、登记和收用，确定土地等级，经管土地、房屋的租赁，筹办警察，征收杂捐。商埠局内设总务、会计、建筑、交际四科。

吸取清末第一次开埠时中外商人炒高地价的乱象，张謇采取了多种措施。

一是于1921年3月8日发布第三号布告，规定商埠界内之土地及建筑，未经商埠核定，中外人民均不得自由处分。同时规定商埠的区域暂定为：北自宝山县南石塘炮台东西大路之南起，跨蕴藻浜，南至陈家宅止；东西进深三里为界，蕴藻浜以北以泗塘河为界,浜南则以泗塘河对岸起距黄浦进深三里为界。

其次是在商埠局成立一年多以后的1923年元旦,张謇公布了《吴淞开埠计划概略》(以下简称《概略》),即吴淞城市规划大纲。张謇认为,商埠局的工作分为三步:第一是测绘精密地形图,规划全埠道路、河渠位置;第二步是了解各国建设商埠的"成规",拟定分区建设计划;第三步是公布分区建设计划,征求公众意见,确认计划合适后再实行。张謇在《概略》一开始就指出了第一次吴淞开埠的教训:"其结果予外人以杂居置产之权,而埠政仅筑路数条而止。盖误于无全盘计划,而先枝节筑路,致地价骤变,徒供地贩投机,转使商民裹足。"现在二千四百分之一的全埠地图已经测量完成,商埠区域将向西、南、北三方推展,南至沈金港葛家嘴虬江,西接宝山南北县道,东至黄浦,北以宝山东西县道、马路塘、采淘港为界,面积为四百三十余平方里。涉及宝山城市、吴淞、殷行、江湾、彭浦、大场、刘行、杨行八个市乡。规划中,将道路划分为三个等级,码头按海轮、江轮分开停泊,疏浚蕴藻浜以连接内地,铁路以张华浜附近为总车站,电车环绕各区并与租界北四川路电车相衔接。将商埠分为中区、住宅区、工业区、教育区、劳工区等。市政、司法、警察、消防、税务等机关均位于中区。学校、医院、图书馆位于住宅区。公园位于各区中心点,一些马路交叉之地建公园或菜市场,使市民于十分钟内即可到达。工业区位于蕴藻浜、泗塘两条河流沿岸。教育区位于同济、中国两校的北面,中小学则散布在居民区内。劳工区位于鹅馋浦两岸,"专备容纳流寓客民"。

这个《概略》,显然是吸收了国外城市规划的理论,在当时是一个比较先进的规划,也流露出一种便民的理念。具体方案,待详细编制完成后,再由市政专家讨论,才能决定正式的规划。《概略》虽然简单,一些理念为后来的"大上海计划"提供了蓝本。

《图画时报》,1927年吴淞炮台湾附近

由于政府能够提供的经费有限，商人的积极性不高，扩大商埠的计划又受到沪北工巡捐局的强烈反对，使吴淞商埠局的工作举步维艰。1924年，江苏督军齐燮元和浙江督军卢永祥之间爆发"齐卢之战"，吴淞镇市房被焚毁二百余间，元气大伤。1925年1月，张謇向北京政府发出辞职电报，宣告吴淞第二次开埠失败。

吴淞两次开埠没有成功，除了政治、经济上的各种因素外，自然条件也是一个方面。吴淞镇靠近吴淞口，水面深阔，便于大吨位轮船停泊，这是它的优势。另一方面，大风潮来临时，也会冲毁商埠的马路，影响商埠的安全。如1905年10月的大潮，就将吴淞马路冲毁，需要上海道拨款兴修。

"大上海计划"与新市区

上海市区的许多道路名称,都是以全国各地的地名命名的。在杨浦区五角场街道、长海街道一带,与其他区域不同,路名自成一体,如中原路、民星路、民府路、国定路、国顺路、市光路、政通路等等。这是民国时期上海市政府建设新市区留下的遗产。

《市中心区域计划》与"大上海计划"的夭折

租界的发展,使得上海成为全国最为繁华的都市,人称"大上海"。全市最繁华的地方全部在租界,华界全方位落后于租界,形成了鲜明的反差。在1927年上海特别市建立以前,公共租界、法租界、华界(又分为南市和闸北两部分)分别有自己的市政管理机构,道路和水电煤、公共汽车等各种公共设施各自为政。作为一个因港口而兴起的城市,码头集中在租界和县城东侧的黄浦江边,没有与铁路相邻,增加了货物运输的成本,黄浦江航道又特别容易淤塞。孙中山先生在《建国方略》中指出:"任从何点观察,上海皆为僵死之港。"市区人口密度太高,据估算,1927年华界的人口总数已经超过了一百万,城市犯罪率持续上升。

上海特别市成立后,华界的行政系统得到了统一。由于租界无法收回,城区仍被分割为南北两块。市政府办公大楼就是先前的沪海道尹公署,位于法租界以南的枫林桥的市政府路(今平江路),偏于一隅,市容荒凉。道署虽然兴建于1923年,但占地不大,内部空间狭窄。市政府成立典礼只能在一楼空地举行,

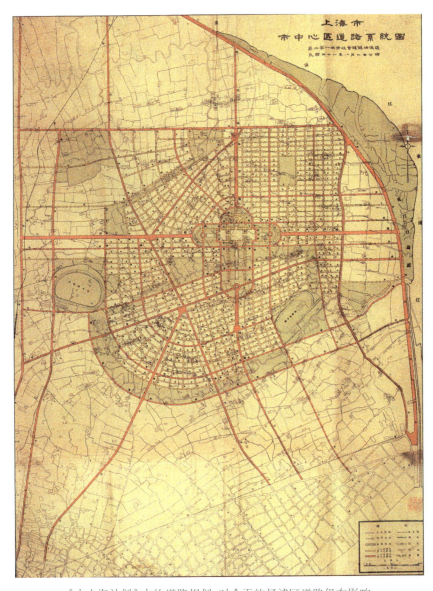

《大上海计划》中的道路规划,对今天的杨浦区道路仍有影响

无法体现新政府的形象和权威。中央政府对上海市寄予厚望,蒋介石在7月7日的典礼上提出:"上海特别市……当比租界内更为完备,诸如卫生、经济、土地、教育等事业,一切办得极完善,彼时外人对于收回租界,自不会有阻碍,而且亦阻止不了……上海之进步、退步,关系全国盛衰,本党成败。"

在这种形势下,几任上海市市长对城市规划都很重视。首任市长黄郛的任期只有一个多月,但他提出了两项建议,一是筑一条环绕租界的道路,将华界联结起来;二是在吴淞建设新港口,并在吴淞与租界之间开辟一个新市区。次年3月,联结闸北与南市的中山路(今市区中山西路、中山北路)修建工程开工。典礼上挂着"建筑中山路是实行大上海计划的初步""中山路是纪念总理的路""中山路是贯通南北的要道""市内的街道是全市的血脉"等标语。

市长张定璠通过考察,确定在江湾一带建设新市区。1929年,在市政府之下设立建设讨论委员会,负责制定新市区建设计划。7月5日,市政府第123次市政会议通过了建设大上海市中心区的决议,"以淞沪铁路以东、浦江以西之间,北至闸殷路,南至翔殷路,东至假定线路,西至淞沪路为市中心区域",面积约有七千余亩(后改为六千余亩)。8月12日,市中心区域建设委员会成立,由工务局长沈怡担任主席。年底,邀请美国市政工程专家费立泊和龚诗基来上海,为计划提供咨询。

1930年5月,市中心区域建设委员会决定编制《大上海计划》,分为市中心区域计划、交通运输计划、建筑计划、空地园林布置计划等30余章,这是一部涵盖整个上海市辖区的综合性规划书。目前仅见1931年完成的《大上海计划图》和《大上海鸟瞰图》等,未见全书,很可能未能完成。1930年12月,市中心区域建设委员会公布的《建设上海市市中心区域计划书》等,对水陆交通、分区各方面都有所规划。

　　水路交通。预计未来上海商务更加发达，进出港的海船数量更多，计划在黄浦江下游的吴淞至引翔港一带建立新商港。新港区与内地之间，规划蕴藻浜（在吴淞流入黄浦江）作为水路交通枢纽。同时在黄渡一带开凿一条运河，联通吴淞江与蕴藻浜，使得由海路输入的货物，在吴淞码头转驳内河船舶，便捷地运到苏州等地。

　　铁路交通。上海与南京、杭州之间已经有沪宁线（终点站在北站）、沪杭甬线（终点站在南站，今南车站路以东），两线之间有一条经过龙华、徐家汇、梵王渡的联络线，北站有一条通往吴淞炮台湾的淞沪支线。这个布局，除了前面说到的与码头相隔太远这个问题外，还存在着北站横亘在闸北中间，影响交通、商业发展的问题。随着新市区与新码头位置的确定，规划真如为上海铁路枢纽，沪宁、沪杭甬铁路在此衔接。再从真如筑两条支线，一条为货运支线，北经大场，折东至吴淞码头。一条为客运支线，经彭浦到江湾总站，旅客到市中心区极为方便，零散货物也走此线。为不影响地面交通，真如至江湾间的铁路为高架。

　　市内交通，规划以江湾为中心的南北与东西干道。南北干道北从宝山县城起，向南经江湾镇东，南接四川北路，经老城厢直达南站，再向南利用上南汽车路（今周周公路）的一段，经杨思镇、陈行镇，直到闸港镇止。东西干道以江湾镇为中心，向东利用翔殷路（今邯郸路—翔殷路）至黄浦江畔，向西经大场镇与沪太长途汽车路（今沪太路）相连接。

　　分区规划。新市中心区定位为行政区，行政机关、银行、博物院等公共建筑都集中在这里。工业区的选择有几个因素，一是尽量保留原有的工厂，二是靠近铁路、河流，三是风向，四是与住宅区隔开，五是不妨碍古迹和风景。在这些前提下，吴淞蕴藻浜和高昌庙（今世博园区）地区已经有许多工厂，仍为工业区。真如、大场以及浦东的洋泾镇附近均可为工业区。码头区，南从剪淞桥（今闸殷路与军工路交汇处附近)起,北至吴淞炮台湾的黄浦江两岸。商业区,除租界地区外,选择交通便利、来往人员较多的地方,新市区也有形成商业区的可能。居住区,要与市场、工厂有隔离,但也不能相距过远,江湾与大场之间、徐家汇以东以及杨树浦陈家嘴、浦东高桥一带均可选址。

新市中心区的规划中,行政区处于中心,为各种政治、文化机关的所在地。"市政府为该区域之表率,建筑须实用、美观并重,将联络一处,成一庄严伟大之府第。其外观须保存中国固有建筑之形式,参以现代需要,使不失为新中国建筑物之代表。"行政区北建商业区,各种进出口商业机构都在这里。其他为住宅区,住宅又分为甲、乙两种。区内道路规划模仿欧美,采用方格与放射路相结合的方式。

当时上海是高等教育中心和文化中心,有模仿欧美建设大学城的设想。规划中的大学城在复旦大学以西,翔殷路(今邯郸路)和体育会路交叉点为中心的地区,"将来尽是各大学,各学术研究机关、出版机关、演讲厅、天文台、标本陈列馆、试验室,甚之工厂材料试验场、畜牧场、农事试验场、造林场等"。给大学生们"建一座伟大的公寓式大厦",作为公共宿舍。同时在四周建立教授住宅区。相邻的虹口公园可以作为师生们休息的地方,公园内的球场(即今虹口足球场)则是大学足球队的角逐之场。

"大上海计划"寄托了当时政府对于发展华界的理想,是上海城市规划史和发展史上的里程碑,也是西方理论与上海现实的结合。由于政府经济困难,至1937年抗日战争爆发前,先后建成市府大楼(今上海体育学院绿瓦大楼)、图书馆(今杨浦区图书馆)、博物馆(今长海医院内)以及上海市体育场(今江湾体育场)、体育馆、游泳池等建筑。修成的道路除中山路外,有黄浦路、浦东路(今浦东大道、浦东南路)。港口建设有虬江码头第一期工程。日军发动的侵略战争使

1927年7月上海特别市政府成立时的
市政府大楼

建于20世纪30年代的上海图书馆

1937年的浦东主干道浦东路

计划中断。

日伪的"上海新都市建设计划"

1937年11月，日军侵占上海。此后，伪上海市政府复兴局编制《大上海都市建设计划》(后改称《上海新都市建设计划》)以及《上海都市建设计划图》，具体由日伪合资的上海恒产股份有限公司负责。日军占领初期，租界不受日军的掌控，畸形的市政格局还是存在，因而这个"计划"在很大程度上是"大上海计划"的延续。规划的范围从市中心区向北扩展，以吴淞江(即蕰藻浜。近代外国人所画的一些地图中，因蕰藻浜通向吴淞，称其为吴淞江)为中心，半径15公里，面积约5.74余万公顷。日军对军事和交通运输方面有特殊要求：划出大片军事用地，新建江湾及大场两机场，作为日军在中国最大的空军基地；在市中心区建造军事机关、宿舍和医院。在交通方面，在吴淞建设深水码头，疏浚吴淞口一段的黄浦江，使万吨轮能在吴淞直接靠岸；开挖蕰藻浜及运河，直通嘉定纪王庙吴淞江，使其能通行4000吨的船只。铺设四条引入线及临时铁路，与吴淞港及中央码头(即虬江码头)连接。在城市道路方面，用15～100米宽干道把虬江码头、蕰藻浜、伪市政府、维新广场(今五角场广场)、中央车站(在江湾镇)等主要地区纵横连接。在分区方面，计划将规划区划分住宅、商业、工业、公共、仓库、杂居等十种地区。1941年底，日军接管租界。1942年5月，日本内阁兴亚院编制《上海都市建设计画改订要纲》《第二次大上海都市计画说明书》，以闸北区作为上海的政治中心，原来的"新都市区域"成为军事和文化中心地区，商业区位于南京路、北四川路(今四川北路)和北站附近，工业区位于苏州河和黄浦江沿岸。1945年抗战胜利后，日伪的上海都市计划也就烟消云散。

战后的"大上海市都市计划"

抗战胜利后,租界被收回。1945年9月,上海市政府根据《都市计划法》,由工务局筹划上海市都市计划。1946年3月成立都市计划小组,拟成大上海都市计划初稿。该稿的规划区域范围较广,北面、东面均为长江口,南滨海,西面从横泾(今江苏常熟沙家浜镇)向南经昆山西、淀山湖以东直至浙江平湖县乍浦镇。8月,上海都市计划委员会成立,明确规划区域为上海市域。1948年2月,大上海都市计划二稿编成。1949年5月24日,三稿完成。1950年7月,上海市人民政府工务局根据陈毅市长指示,为保存资料,刊印《上海市都市计划总图三稿初期草案说明》。在整个规划过程中,吸收了"有机疏散""快速干道"和"区域规划"等西方新的城市规划理论,具体参加者包括一批中外专家,工务局长赵祖康具体领导此项工作。

以第二稿为例,规划将上海定位为港埠都市,全国最大工商业中心之一。由于市中心人口过多,主张工业区应向郊区迁移。对于道路系统,提出了两种有效而又经济的新型道路:直通干路(简称干路)和次干路。干路为解决道路交叉问题,采用高架形式,每方向双车道,车速为每小时90～100公里。建议开辟的干路有6条:由吴淞港北站至北新泾,由前法租界外滩经南市、复兴路至青浦,由吴淞经江湾、外滩、南站到闵行,由肇嘉浜经普陀路达蕴藻浜,由南站经西藏路、北站至大场;以及由吴淞经中山路到新桥,由吴淞经蕴藻浜、大场、北新泾、新桥外围达闵行,为环路。次干路为市区内的主要道路,形成一个栅形交通网,将机动车与非机动车分隔,在市内主要交叉点采用环形广场。港口分布在吴淞、蕴藻浜、江湾和龙华之间、闵行附近,在浦东高桥设油港。铁路新建三条货运新线,货运站以京沪线南翔站、沪杭线松江站为主,客运站除北站外,新建吴淞港站和新南站。飞机场以龙华、大场机场为民用机场，龙华机场以国内空运为主，大场机场为国际航线中心。江湾、虹桥两座军用机场可能影响附近的发展，最好迁出市区。

民国上海市政府的两次城市规划，对上海的开发和建设作出了较为宏观、系统的设计，借鉴西方的城市规划理论，对上海城市结构和功能进行全面的规划和设计，向世人描绘了一幅现代化上海的蓝图。由于政治、经济、军事的原因，上海的城市规划均没有得到全面的实施。而日伪的"上海新都市建设计划"，则暴露了日军的侵略野心。

高昌渡的江南制造局

　　高昌渡位于上海县城之南,大致在今世博会园区一带。高昌最初是个乡名,唐代天宝年间设华亭县时就有高昌乡,元代开始属上海县。最迟在明代已经建有渡口,嘉靖二年知县郑洛书改设为官渡,清代又称"姜家渡"。高昌渡虽然很早就设有官渡,但并没有形成集镇,只有一座高昌庙位于黄浦江畔,这个地方也就称之为"高昌庙"。

旗记铁厂与江南机器制造总局

　　美租界建立后,美国人科尔在虹口黄浦江宏特码头边买地开了一家旗记铁厂(大致在今虹口港与黄浦江交汇处),修造轮船,同时制造火炮,建有一座小型船坞。制造火炮有一定的危险性,容易发生意外,因而遭到一些外侨的反对。随着洋务运动的展开,李鸿章想在上海建造一座军工厂,委托丁日昌具体办理。1865年,李鸿章以6万两银子买下位于虹口的美商旗记铁厂的机器,并将丁日昌和韩殿甲主持的两个洋炮局并入,重新组成江南机器制造总局(一称江南制造总局、江南制造局、上海机器局)。局址仍在虹口,每年租金达六七千两银子,非常昂贵。这里靠近当时的商业中心洋泾浜,厂中工匠容易与外国人之间产生口角,发生冲突。随着新机器的增加,工厂地方狭窄,不能安放。制造局也制造大炮,容易发生意外,继续遭到一部分外侨的反对。鉴于上述种种原因,1866年7月,李鸿章决定暂时停工,迁址建新厂,并筹划建造轮船。

华界工业中心高昌庙

最后选定迁址高昌庙，原因有以下几个方面：一是这里临近黄浦江，水路交通便利，并适合造船和运输；二是周围有大片滩地和农田，有发展余地；三是离租界较远，中间隔有上海县城，不容易发生中外交涉事情。最直接的因素是江海关通事（翻译）唐国华接受巨额贿赂被发现，被罚银4万两（购买旗记铁厂的经费就来自这里）并献出高昌庙的田产赎罪。唐国华献出的田产，加上新购土地，共占地七十余亩。同年9月，江南制造局总办应宝时奉命移建，开始兴建机器厂、洋炮楼、汽锅厂、木工厂、铸铜铁厂、熟铁厂等工厂和库房、煤栈、办公楼。

1867年夏天，制造局迁入高昌庙。厂外迅速形成两条商业街，一条为高昌庙街（俗称老街），一条为广东街（附近多广东人）。街道两旁有米店、肉铺、油坊、酱园、布店、药铺、南货行、竹器店、陶瓷店、成衣铺、鞋店、剃头店、押头店（当铺）、香烛铺和老虎灶等等。天主教堂（在今第九人民医院）、瞿真人庙（在今五爱高级中学）、老君堂庙等宗教建筑也相继出现。

1868年，徐寿与次子徐建寅，在此建成我国第一艘大型机器轮船，船长186尺，载重600吨，上有8门大炮。农历七月初一，新船试航，《字林西报》报道："船上插有一面新艳的黄色龙旗。由高昌庙十点零三分时开行，至英美两使馆中，相近陆家嘴角，时十点零二十三分。铁皮与天平轮船各放三炮，以作庆贺之意……上海军民无不欢喜，兹船乃本国始初自造也。"

从此，高昌庙成为华界的一个重要工业中心。江南制造总局不但是我国第一个大型近代企业，它附设的翻译馆、广方言馆和工艺学堂，也培养了一大批技术人员。1912年，江南制造总局拆分为江南制造局（后为上海兵工厂）和江南船坞（后为江南造船所）。

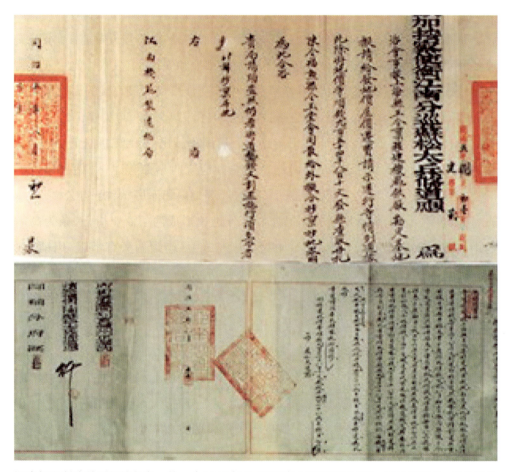

江南机器制造总局征地文书。其一为1866年（同治五年）按察使应宝时、候补道冯光、湖北候补道沈保靖签署的有关江南机器制造总局征地呈文稿；其二为按察使衔江南分巡苏松太兵备道应宝时有关勘定江南机器制造总局基地的咨文

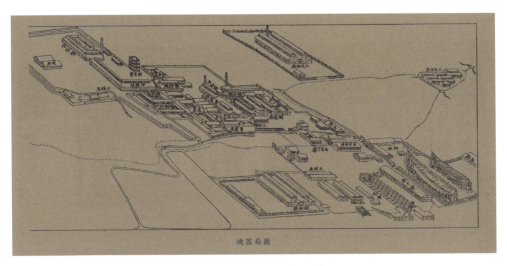

同治《上海县志》之江南机器局图

清末江南机器制造局厂房外景

江南制造局的建成，带动了附近的市政建设。通往南市的斜桥南路（今制造局路），通往龙华的龙华路（今龙华东路），均为1891年开辟。通往高昌渡（今江边码头）的江边路，1908年开辟。附近还有高昌庙路（今高雄路）、局门路、瞿真人路（今瞿溪路）、康衢路（今中山南一路）。1912年，上海华商电车有限公司成立。1913年8月，公司开设有轨电车1路，从南市小东门（宝带门）出发，经过东门路、沪军营路、南车站路、半淞园路至高昌庙，全长近5公里。此后又开辟4路车，从老西门（仪凤门）起，经过中华路、黄家阙路、南车站路至高昌庙镇。

高昌庙与外埠的交通，除了水路外，1908年3月启用的沪杭铁路上海站，就坐落在高昌庙北的半淞园一带，与沪宁铁路上海站南北遥相呼应，当时习称上海南火车站、南站。

1927年后，上海市政府在制订大上海计划时，高昌庙被规划为工业区，区域范围东至沪军营，西至日晖桥，南至黄浦滩，北至沪闵南柘路（今斜土路、国货路）。据不完全统计，20世纪30年代初，高昌庙地区除江南制造局外，还有华商电气公司、上海内地自来水厂、法商自来水厂、同昌纱厂、申大面粉公司、龙章造纸厂、先达丝毛纺织厂、冠生园等27家工厂。

1937年"八一三"事变中，高昌庙遭到日军大量轰炸，8月25日下午就有三千多间居民房屋被炸毁。8月28日，日军又在此投掷8枚炸弹，死伤无数，市街几乎成为废墟。上海沦陷后，难民在这里陆续建起了大批棚户、简屋，形成西凌家宅棚户区，"高昌庙"逐渐成为一个民间俗称。

从黄浦渡到闵行工业区

　　中华人民共和国成立后，上海的经济发展逐步转向以计划经济为主。按照"先生产、再生活"的原则，上海的城市功能转向以生产为中心，上海成为我国的重要工业基地和财政支柱。浦江两岸的功能也逐步转变，新建的闵行、吴泾工业区（卫星城）都坐落在黄浦江西岸。

三世修来住闵行

　　闵行镇南邻黄浦江，是南汇县城（今浦东新区惠南镇）、陶宅（今奉贤区中部陶宅，在青村镇西北）等浦南地区几大集镇由黄浦江入松江府城（今松江区岳阳街道一带）的必经之地。闵行镇在今闵行区江川路街道，最早的集镇老街位于北横泾与黄浦江交汇处的两侧，俗称"老闵行"。闵行与浦南的叶榭隔江相对，明清两代为军事要地，明代倭寇入侵时，政府军屯兵于此，以防倭寇由此入府城。

　　大约在宋元时期已经形成闵行摆渡口和聚落。明代称"闵行市"，有的文献也记载为"敏行市""闵港""敏行"，初步形成集市。正德《松江府志》记载了闵行集市兴起的原因："闵行市，在十六保，横沥东。近岁，已、庚二水，横沥、沙竹二冈田亩有秋，灾乡多从贸易，郡中始知其名。"讲述的是正德四年（1509年）、五年（1510年）上海遭大水，农田被淹，秋收减产。闵行地处冈身，地势较高，附近的农田未遭水灾，粮食丰收，受灾各乡就到闵行买粮，闵行的知名度大幅提升。清代称闵行镇。咸丰末年，太平军李秀成部攻破苏州、昆山、松江，进逼上海县城。此后在浦南地区东西游荡，就是不渡江占领闵行镇。较好的生产环境，没有兵荒马乱，清代许多上海人将闵行视为福地。丁宜福《申江櫂歌》谓："白鸡黄酒祀田神，三世修来住浦滨。今日安澜真有庆，年年只盒报春申。"自注"我乡有'三世修来住闵行'之谚，初以无虞水旱也"，加上庚申年（1860年）太平军不入闵行镇，"乡人思春申之德，多以腊祭，并时时祭之"。顾翰的《松江竹枝词》也说："春申江上浪滔天，劫火烧来断水边。妾苦今生修未到，郎家不住闵行边。"

　　到了明代，闵行的渡口称之为"黄浦渡"，并在镇上设立黄浦巡检司衙署，负责上海县南部的治安。当时上海县全境包括今天上海市中心城区的吴淞江以南地区、闵行区和浦东新区大部分地区，共设有闵行、三林庄（今浦东新区周浦）、南跄（今浦东新区川沙）、吴淞江（在今普陀区境）等四个巡检司。每个巡检司设有巡检、副巡检，均为知县属官，官秩从九品。另有数十名至上百名弓兵，设有墩汛，是明代农村地区的主要治安力量。清代仍设有黄浦司巡检，弓兵数量减少。清初改称"横泾渡"，习称"闵行渡"。乾隆年间，在横泾东面新设了一处义渡（横泾东渡），横泾渡改称"横泾西渡"。闵行镇离上海县城有七十里，民众到县城办事非常不方便。乾隆十二年（1747年），知县王侹请示上省府上级后，设立便民船二只，开通闵行到上海县城的航线，每船载客二十五人，每人船资为六文，所带成担货物也是六文。称之为"便民航"。随着渡口的兴盛，乾隆《上海县志》已经记载为闵行镇。

　　闵行与附近的集镇相比还具有一个优势。由于里距和涨潮、落潮的关系，明清时期行驶在黄浦江上的远航船只，无论是上行还是下行，都是傍晚时分到达闵行镇，休息一夜后再启航。因而每到晚上，闵行镇江边停满了船只，桅杆如林。镇上最热闹的是黄浦江边的外滩，米行、花行、木行、竹行、水产行、水果行等商家林立。乾隆年间，陈金浩《松江衢歌》中有一首诗专门描写闵行夜渡："龙潭五月聚龙舟，瓶酒随波没鸭头。不及闵行喧夜渡，烧灯荡桨唱吴讴。"自注谓："闵行镇近浦，夜渡尤盛。"

清朝末年,闵行至对岸奉贤县西渡的西闵客渡航线开通。一开始只有一艘手摇渡船。1922年沪闵南柘公路沪闵段长途汽车通车,客流量增加,渡船增加到两艘。1932年,在黄浦江两岸滩地各建造钢引桥系趸船的浮码头一座,可以载七十余人和两辆汽车的"经航"号渡轮投入使用。次年增加可载12辆汽车的"济航"号渡轮。抗战胜利后,江苏省交通厅以登陆艇渡运汽车,王宝生等三人合资购木质轮船一艘渡运旅客。晚上,轮渡停航,手摇船摆渡。1958年,闵行轮渡划归上海市轮渡公司,航线定名为西闵线。

卫星城的"四大金刚"

1927年,以上海县的城市化地区成立上海市后,闵行镇就成为上海县的首镇。至1949年,闵行镇上有居民六千多人。1958年1月,上海县划属上海市。1959年12月,因闵行镇和吴泾地区建设上海卫星城,以这两个区域设闵行区。1964年6月撤销闵行区,成为徐汇区的闵行街道。1981年2月,以闵行、吴泾地区和上海县的15个大队划设闵行区。1992年9月,闵行区与上海县合并成立新的闵行区。从这个过程中可以看出,闵行和吴泾地区建成卫星城后,始终是属于城市化建制。

闵行卫星城一开始的定位,就是国家重工业基地,主要企业有上海电机厂、上海汽轮机厂、上海锅炉厂、上海重型机器厂,人称"四大金刚"。上海电机厂在1958年10月研制成功一万两千千瓦双水内冷汽轮发电机,安装在南市发电厂,举国欢庆。上海重型机器厂在1961年生产出我国第一台万吨水压机,标志着上海重型机器制造工业达到了新的高度。20世纪五六十年代,闵行等卫星城内的工业企业的发展,使得上海制造名扬全国。

一万两千千瓦双水内冷汽轮发电机

万吨水压机

外滩、陆家嘴与"小渔村"

外滩的"外",外滩的"滩"

今天的外滩,指的是中山东一路(北起外白渡桥,南至延安东路)、中山东二路北端(新开河路以北一段)及其两侧的狭长区域。这一区域,原先是黄浦江边的滩地。滩地边上有一条纤道,南通洋泾浜(今延安东路外滩),北通吴淞江(今苏州河),是船夫拉纤的道路。开埠后,洋泾浜(今延安东路)以北到吴淞江一带为英租界,洋泾浜以南到新开河(今新开河路)为法租界,因而过去又被分为英租界外滩、法兰西外滩,简称"英外滩""法外滩"。

外滩不是外来词

"外滩"作为地名,在现存开埠前成书的方志中,都没有记载或解释。大约从20世纪20年代开始,许多人认为"外滩"一词是英文"Bund"或"The Bund"的意译。一直到20世纪80年代新修方志时,仍在采用这一观点,如1989年出版的《上海市黄浦区地名志》认为:"外滩……西人称之为Bund,中文译为'外滩'或'黄浦滩'。"1998年出版的《上海市地名志》:"这里原是黄浦江滩地,上海开埠后,殖民主义者在此筑路,西人称之为The Bund,中文写作'外滩'或'黄浦滩',南段称'法兰西外滩'。"虽然没有直说"外滩"是Bund的意译,但也有那么一点翻译之意。

后来,有研究者发现"'外滩'是从英文翻译过来的"这一说法存在问题。在不少英汉辞典里,"Bund"原意是"泛指东方及亚洲国家水域的堤岸、江边道

路、码头"，也就是泛指东方地区一切河流、海岸边的堤岸、江边道路或码头，不是专指某一条河流的滩地。在一些英文文献中，建在河流边上的道路中都带有"Bund"一词，如1867年《北华捷报》馆绘制的"上海英美租界道路图"就将租界前的黄浦滩标示为"Bund or Yang-tsze Road"，意即"黄浦滩"或"扬子路"，也就是说原来的纤道被称为"扬子路"。在19世纪五六十年代，以"Bund on the Soochow Creek"指称苏州河滩路，以"Bund on the Yang King Pang"指称洋泾浜滩路。显然，"Bund"或"The Bund"在词义上不能简单地认为是上海英租界黄浦滩的专用名词。同样，"外滩"也不是专指上海的外滩，其他许多地方也有。近的如宝山县吴淞外滩，稍远些的有浙江宁波外滩，湖北荆州城外的长江也有外滩，黄河边上也有外滩。有的是专指，有的为泛指。

外滩不是本名

黄浦滩，是对黄浦江滩地的传统称呼。清代嘉庆、道光时人柳树芳（柳亚子高祖）有一首《月夜泊舟黄浦滩作歌》："久闻黄浦名，未识黄浦面。黄浦之面无百里，何为谈此多色变？维浦与海遥相通，北极尾闾当空同（北黄浦出海口处最险），狂飙一发天地黑，力驱全海搏桑东。"（见《养余斋初集》）开埠后旅居上海的葛元煦，在同治年间写有一首《黄浦滩》诗："涛声夜月天妃庙，灯影春星海客船。无限繁华无限感，何如归种浦东棉。"（载《沪游杂记》）文献中也有记载为"黄浦江滨""浦滨""浦滩""江滩"的。

《申报》创刊于1872年4月，是近代上海历史最悠久的一份报纸。这份报纸中的相关记载，可以为我们提供一个较为系统的线索。在1872年的新闻报道和广告中，以"黄浦滩"居多，"浦滩""浦滨"次之，没有检索到"外黄浦滩"和"外滩"。1873年2月7日,《申报》的广告中首次出现了"外黄浦滩":"栈房出租。启者,本行今有大栈房一所,内有客堂三间,后连厨房三间,坐落在外黄浦滩公正栈房间壁。倘有贵客欲租者,请至本行账房林先生面议可也。正月初十日,广裕洋行启。"公正栈房在法租界外滩。此后,在新闻报道中仍为"黄浦滩""浦滩"。6月13日,又是在广告中,首次出现了"外滩":"出售名人字画。启者,今有董元宰草书真迹中堂画一幅,又郓寿平花卉册页一个,倘有欲买者,至十六铺外滩福来客栈看议可也。此布。五月十九日,袁叔峰启。"十六铺外滩就在华界南市。到了10月11日,《申报》的新闻报道中首次出现了"外滩":"十八日(指阴历),小东门外滩被风颠播沉溺烟船一只,落水三人,一遭淹毙。"此后,新闻报道和广告中的"外滩""外黄浦滩"断断续续地出现。从这个过程来看,《申报》一开始有十个月没有出现带有"外黄浦滩""外滩"的广告、新闻,很有可能黄浦滩一开始并没有被称作为外黄浦滩。"外黄浦滩"与"外滩"的出现只相隔了四个月,外滩是不是外黄浦滩的简称也很难说。"外黄浦滩""外滩"先在广告中使用,再在新闻报道中出现,应该是民间先有这个称呼,再被报社记者采用。

有"外滩"就有"里滩"

有一种说法,在上海人的习惯里,一般把河流的上游称作"里",河流的下游称作"外"。上海县城是黄浦江边最大的聚落和政治中心,上海人就以上海县城作为参照,把县城以下段的黄浦滩称作为"外黄浦滩",县城以上的称作为"里黄浦"。也有的把"里""外"的分界线确定到某一条交汇的河流。黄浦江在陆家浜附近形成一个急转弯,就以陆家浜作为分界点,称其上游为"里黄浦",下游为"外黄浦"。里黄浦的滩地就是"里滩",外黄浦的滩地即"外滩"。也有的认为龙华至陆家浜一段为"里黄浦",陆家浜至苏州河一段称"外黄浦"。陆家浜是上海县城以南的一条较大的河流,民国年间才填浜筑路,即今天的陆家浜路。

《申报》1923年4月8日刊登有《吴淞江水利工程局之报告》,提到上海还有哪些空地可以堆放垃圾:"外黄浦杨树浦之北,自周家嘴至虬江有滩地一千数百亩;又里黄浦自周家渡至炼钢厂外滩亦有空地数百亩,若用以堆置垃圾,既免苏州河之淤塞,又可填补涨滩,洵属一举两得。"由此可见,民国年间的黄浦江按其地理位置的不同,确实被分为里黄浦、外黄浦,清代应该也是这种情形。

外黄浦的滩地(外黄浦滩)被简称为"外滩",这个说法存在着一些问题,因为在《申报》的报道和广告中,有许多"外滩"位于南市或陆家浜路以南。1880年有"南市外滩",应该是指上海县城以东、十六铺及其以南的区域。1896年有"沪南外滩",所指的区域指南市和县城以南的地方。1918年有"南市高昌庙外滩",高昌庙就是江南制造局所在地,位于陆家浜西南。1923年的广告里有"龙华路小木桥外滩"。1926年又有"龙华外滩",龙华寺离南市或陆家浜路已经有一段距离了。从"高昌庙外滩""龙华外滩"这两个例子来看,陆家浜路以南的黄浦滩也有称作"外滩"的。"高昌庙外滩""龙华外滩""小木桥外滩",甚至是"闵行外滩",这些位于陆家浜以南的"里黄浦"滩地,为何不称"里滩"而称"外滩"?

现在网上还有一种说法,靠近黄浦江一面的均称"外",如苏州河与黄浦江交汇处有外白渡桥,洋泾浜上临江一面的桥称外洋泾桥。这种说法应该是根据开埠后的地名现象归纳出来的,可能与河流的上下游有关。外白渡桥的苏州河上游有里摆渡桥(今四川路桥),外洋泾桥溯洋泾浜而上有二洋泾桥(今四川南路上)、三洋泾桥(今江西路上)、三茅阁桥(今河南路上)等等。苏州河北面的美租界里,在今虹口港上,从上游到下游有里虹桥(今汉阳路桥)、中虹桥(今长治路桥）、外虹桥（今大名路桥）三座桥梁。这些带"外"字的桥梁，一方面靠近黄浦江，另一方面又居于河流的下游。

"外滩""里滩"的区分，还有另外一说。黄浦江形成后，不同区域受潮流的影响并不相同，有的地方在潮流冲刷下水道深阔，有的河段江面宽阔、水流缓慢则形成涨滩。顾清《曲水村棹歌》中有描述："东湾沙积岸生嘴，西湾水啮岸生坳。"上海县城以东的黄浦江西岸，就呈现出北坍南涨的形势，方浜口以北的浦岸不断受潮水冲激侵蚀而有坍塌，南面肇家浜口附近则涨出新的沙洲，至清代中期并岸。随着原有的滩地被开发，新的滩地又慢慢涨出，于是有"里滩""外滩"之分。孙玉声（海上漱石生）《沪壖话旧录》中讲到南市的道路时，有这样一段记载："以南市言，城门未拆之前，马路初仅十六铺里滩一条，可至马家厂。既而续增一外马路。""十六铺里滩一条"指的是当时的外马路，又称大马路，原先是黄浦江的滩地，1906年因新建外马路而改称里马路，1935年成为中山南路的一段。"续增一外马路"即今天的外马路，位于里马路的外侧，1906年在新淤涨的浦滩上面所筑。新的滩地涨出后，原有的滩地就称为"里滩"，新的滩地被称为"外滩"。用这种"外滩""里滩"的含义去解释租界的"外滩"，也有不妥之处，租界的"里滩"在哪里？

已故上海史专家吴贵芳先生在《淞故漫谈》中对外滩得名有自己的解释："黄浦滩在租界形成以后出了名，按照历来的习惯上海人喜欢把县城以外、临近浦滨的地名冠以'外'字，例如：外陆家浜路，外郎家桥，外马路，外咸瓜街，外仓桥等等，就这样一条黄浦也逐渐地、约定俗成地有了里外之分。"这种说法，是以上海县城为中心点，把城外的地物冠以"外"字。这种观点也许能较为合理地解释租界的外滩，租界和县城一样被视作为"里"，黄浦江在租界的外侧而被视作为"外"，因而民间称之为"外黄浦滩""外滩"。这个观点也可以解释吴淞、龙

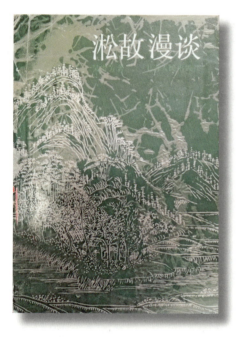

《淞故漫谈》书影

华、闵行等地的外滩。

　　总之，现在能确定的，外白渡桥以南的这个"外滩"原先称"黄浦滩"；租界形成以后，西人称之为Bund，中国人称之为"黄浦滩""浦滩""浦滨"，这是没有疑问的。至于为什么称"外黄浦滩""外滩"，现有的解释都存在着一些不足，已故吴贵芳先生的观点相对合理一些。

新外滩的诞生

　　今天的外滩，专指外白渡桥至新开河一段。历史上，凡是黄浦江两岸的滩地都可以称外滩。最下游的有"吴淞外滩"，虹口一带有"虹口外虹桥外滩"，十六铺边上有"十六铺外滩",还有所指范围更广的"南市外滩""沪南外滩",再往南有"制造局外滩""龙华外滩",过了闸港还有"闵行外滩"。浦东的黄浦江滩地也可以称外滩,如"陆家嘴外滩"。在《申报》的报道中,浦东的外滩更多地指向黄浦江面,如1914年4月报道:"旧历三月十五日,船泊浦东陆家嘴华彰纸局外滩,讵于夜半半点钟,突被盗劫。"1920年1月:"前日有码头船一艘,拟摇往虹口某洋栈码头载货。讵料驶近浦东陆家嘴祥生厂外滩,适有太古公司之保定轮船由外洋进口,避让不及致被撞覆。"这两篇报道中的外滩均指黄浦江江面,而不是滩涂上的道路。1944年1月18日,桂林《扫荡报》有篇题为《衡阳工厂林立,有如浦东外滩》的报道:"近年来郊外工厂林立,有如昔日上海之浦东外滩。"这里指的是浦东沿江地区。

20世纪二三十年代,《申报》中的"外滩"逐渐专指英租界外滩。随着外滩专指今天的外白渡桥至新开河一段,市区的其他"外滩"逐渐消失。近年来,伴随着黄浦江功能的转换,浦江两岸建筑的更新,人们又纷纷以"外滩"来称呼濒临黄浦江的区域:虹口区滨江地带称之为"北外滩",合并之前的南市区滨江地区称之为"南外滩",浦东的滨江地区称之为"东外滩",杨浦区滨江地区也有"东外滩"之称。这与19世纪末的众多"外滩"颇有相似之处。

北外滩

浦东船厂滨江绿地

陆家嘴的前世今生

上海有许多地名带有"嘴"字,如南汇嘴、金山嘴、周家嘴,以及现在已经不用或不常用的邹家嘴(即黄浦江转角处)、龙华嘴、杨家嘴、高桥嘴、宝山嘴,等等。它的意思是指陆地突出在水体中,形状好像动物的嘴。有时也称"嘴角"。那凹进去的一面,就称之为"湾"。据嘉庆《上海县志》记载来看,嘉庆年间的黄浦江有十二处"嘴",也就是有十二处大的弯曲。

古代黄浦江两岸大多为农田、村落,识别度不大,就用"嘴"来辨别船舶位于哪里。黄浦江从横潦泾起至吴淞口入海处,全长二百五十多里。从金汇塘湾、邹家寺嘴(即今黄浦江闸港转弯处)起,可以用"嘴"来定黄浦江的里距。邹家寺嘴往北较为顺直,长十八里。从浦东曹家嘴开始,黄浦江不断有曲折,大致上每隔三里或六里就有一个弯曲处。而这些以"嘴"命名的地名,知名度最高的是陆家嘴。

陆家嘴与后乐园

陆家嘴的得名,与陆氏家族有关。这一支陆氏的先辈是宋代汴京(今河南开封)人,相传是唐代著名文学家陆龟蒙的后裔。宋室南渡时,移居华亭县。元代末年,陆子顺迁居上海县马桥镇。他的孙子陆德衡"迁浦东洋泾之原",就是后来的陆家嘴,时间应该是在明朝初年。洋泾就是后来的洋泾镇(今洋泾街道)。陆德衡的曾孙陆深,生于成化十三年(1477年),初名荣,字子渊,号俨山。

陆家嘴

陆深从小聪明过人，弘治十四年（1501年）以应天乡试第一名（解元）中举，同榜的有昆山籍的顾鼎臣。第二年参加会试，"学霸"也考砸了。弘治十八年（1505年），29岁的陆深再次参加会试，状元被顾鼎臣抢得，陆深以优异成绩得二甲第一名进士及第。馆选为庶吉士。正德二年（1507年）散馆授翰林院编修。当时为太监刘瑾当道，将这批翰林官全部谪放外任，陆深任南京主事这样一个无所事事的闲职。

正德五年（1510年），刘瑾被诛后，34岁的陆深重新出任翰林院编修。父亲陆平怕官场争斗复杂，要求陆深请假返回上海。正德十一年（1516年），陆平认为40岁的陆深知道待人接物，就让他进京。正德十三年，陆深升任国子监司业。嘉靖七年（1528年）又升为国子监祭酒。国子监又称太学，是明代国家设立的最高学府和教育行政管理机构。祭酒是国子监的长官，从三品。嘉靖八年（1529年）三月，陆深因得罪皇帝被谪降为福建延平府同知，后改调山西提学副使。又升任陕西右布政使、四川左布政使。嘉靖十五年（1536年），年届60的陆深蒙恩回到北京，调任光禄寺卿，仍为从三品官。62岁时，陆深致仕返乡，在陆家嘴故里度过余年。嘉靖二十三年（1544年），68岁的陆深病逝于家乡，朝廷赐祭，赠礼部右侍郎衔，并赐谥"文裕"。

正德十六年（1521年），陆深因父亲去世，丁忧回里，想从此退隐。在给朋友的信中说："（陆）深今老矣，不自量力，轻犯世故，忧愚频仍，心志衰耗，赖先人之业，足以自适。近筑一隐居，当浦江之合流，颇有竹树泉石之胜。"他买田建后乐园，兴建后乐堂、澄怀阁、小沧浪、四友亭、小康山径、望江洲、江东山楼、俨山精舍、柱石坞等园林建筑，四周种植杨柳，是典型的江南园林。在浦西县城的楼阁上远眺后乐园，一望如画。陆深又在宅外运土筑五道高冈，长数里，"望之者俨然山也",又将自己的号改为"俨山"。土冈地势较高,适合种棉花,因而被称为木棉坂。"俨山西偏,凿方塘而未及泉,四面崖空若壁,适春潮暴涨,悬溜而下,若珠玑万斛水帘一般,进空垂舞,喷射照耀,夺人目睛,而冲撞澎湃。顷焉出声,又若张乐洞庭之上,信天下之奇观也。"这是陆深在一首诗的序中对后乐园的描写,虽然不乏艺术夸张,亦可见江南园林之胜。

陆深死后,后乐园由其子陆楫经理。嘉靖三十一年(1557年),即陆楫死后一年,因倭寇作乱,陆深夫人梅氏将家迁往上海县城东门新居。嘉靖三十五年秋,倭寇平息之后,陆楫的朋友朱察卿的诗中,后乐园已经残败破落:"曲径秋风衰草合,败垣斜日乱虫鸣。"到了清代,已经是遗址无存,江边的芦洲已经属于别人,流传下来的只有"陆家嘴"这一地名。

船长好当,陆家嘴难过

陆家嘴是陆氏的福地,陆家嘴旁的黄浦江面,却时有灾难发生。黄浦江在陆家嘴处与吴淞江交汇,呈九十度角急转弯,潮流湍急。清代康熙年间,江海关就在陆家嘴设立扯旗处,作为船舶航行的信号。1912年后,在陆家嘴弯道设巡逻队、信号台及灯浮;吴淞江与黄浦江汇合处,筑水上指挥台、水文站和航标。

陆家嘴锐弯处有一深潭,深28.4米,旋涡湍急,向有"船长好当,陆家嘴难过"之说。《申报》中屡见船舶在此失事的报道。1883年9月19日午后,有二人雇舢板而行,船至陆家嘴附近,被风浪卷覆,船夫与乘客均落水。经邻船竭力抢救,人幸免于难,所带货物全部漂没。1884年10月,有两艘驳船装载棉花,由南向北行驶。行驶至陆家嘴地方,狂风骇浪将船只掀侧,所幸只滚下十余包棉花,船夫、船只均未受损。1891年9月,一艘前往常熟的脚划船,满载货物,从小东门外开驶。恰遇狂风大作,白浪滔天,小船被吹到陆家嘴江面掀翻。船夫被水巡捕船救起,货物全部损失。1929年10月20日,政记公司的元利轮由辽宁载煤1350吨来沪,上午10时多驶到陆家嘴黄浦江。因潮汛湍急,被载重1200余吨的日本泰安丸失控撞上,船身被撞开七八尺。至中午12时,元利轮沉没,一名船上的伙夫失踪。

成为浦东开发开放标志的陆家嘴

上海开埠后,陆家嘴与浦西租界仅一江之隔,虽然隔江来往需要摆渡,但距离最近,而且水运交通方便,外国公司纷纷在这里建码头、开厂。先后建有英商祥生铁厂、日商黄浦造船所、英美烟厂和英商茂生纱厂、日华纱厂等,仓储有英商太古浦东栈、太古华通栈,法商永兴栈,德商瑞记洋行火油池,轮船招商局的南栈房,成为黄浦江边的工业区之一。道路有烂泥渡路和陆家嘴路,抗战胜利后商业中心移到东昌路上。

1949年后,陆家嘴地区的东昌路成为浦东沿海地区最繁荣的一条商业街,有各种商店和电影院等文化娱乐场所。1990年4月,中共中央和国务院宣布开发开放浦东后,陆家嘴被规划为金融贸易开发区。开发区新建银行、证券、保险、投资、信托等公司的大楼二百余幢,驻有上海证券交易所、上海产权交易所、上海期货交易所、上海市房地产交易中心、中国人才交易市场、上海粮油商品所,沿江有上海国际会议中心。已经建成为上海最繁华的中央商务区,也是上海旅游胜景之一。

1905年从浦东陆家嘴看外滩

繁华的中央商业区陆家嘴

"小渔村"的来龙去脉

　　上海曾经是座小渔村,这个说法在民众中广为流行,在一些学者的论著中也经常出现。曾经的小渔村,指的是租界,还是上海县城呢,这就值得说道说道了。

"很久以前"是什么时候

　　那么,目前所见比较早说上海曾经是"小渔村"的中文书,是由王钟麒编写、商务印书馆于1924年出版的《新学制地理教科书》。该书下册在谈到交通的作用时说:"譬如汽船汽车行了,从前望而兴叹的大洋,反成了纵横随心的航程,从前重冈复隩的去处,竟变了往来便捷的铁路了。所以海口附近和铁路沿线等处,人口的增殖,必快而且多。只要看上海在没有开埠以前,不过几处小小的渔村,如今人多市盛,竟为亚东第一大埠了。"认为上海在开埠前是小小的渔村。

　　《申报》中最早有关上海"小渔村"的说法,出现在1931年10月10日,一家名为"业广、益普地产联合公司"的房产商,做了一个题为"上海之今昔与将来"的广告:"年来上海地价十倍往昔,其高涨之势大有一日千里之慨。然数十年前,上海本为淞北一渔村,荒烟弥天,榛棘遍地,三五茅舍杂缀其间。洎后经之营之,逐年兴盛,迄乎今日,正当突飞孟进之时。是则上海之将来,亦犹昔年之视今日,其飞腾发展,正未有艾也。本经理处创业亘久,信誉卓著,投资诸君苟蒙垂询,无不竭诚相告也。"12月26日,这家公司又投放了一个名为"八十年前之上海"的

《新学制地理教科书》下册

广告:"八十年前,上海一埠,直一荒凉渔村,居民多以捕鱼为业。嗣后历经兴革,绩年经营,遂成为今日东亚第一大埠。其发达之速,实足惊人。而地产事业,亦随之而兴,前途正无量也。"从这两个广告中可以看出,它的"渔村"指的是租界所在区域。从"渔村"到"东亚第一大埠",是为了强调上海(租界)在八十年间的高速发展,鼓动读者去投资房地产。

同一年,丁裕长在《最新上海金融论》一书中,谈到了当时上海的金融中心:"在上海北京路以南,汉口路以北,山西路以东,黄浦滩以西的区域中,林立着银行、钱庄、信托公司、交易所等。老上海的人都知道后马路就是宁波路、北京路、天津路的总称，也就是上海金融机关荟萃的地方。""百余年前的上海，还是黄浦江滨的小小的渔村，地域狭小，人口寥落。谁知道百余年以后的今日，上海变为车水马龙，肩摩毂击的东亚大商埠呢！"

也是1931年10月，石天籁在《申报》副刊发表了一篇短文《偶笔四则》，讲了上海的四个地名的由来。其中一则是"'上海'两字的由来"："上海初似为一渔村，为往来停泊之所，后来之蔚成巨埠，实基于此。今所定名，意即海上也。其时尚有一下海，或系本有两海港，故有上下之分。其地居海之上者，则名曰上海也。"这位作者是由大海联想到渔村，但是他没什么把握，用词比较谨慎，"似为一渔村"，包含着推测的意思。他的"渔村"的存在时间不确定，似乎指的是上海这个聚落最初的时候。

20世纪30年代，上海已经是中国第一大都市。散文家倪锡英在1938年出版的《上海》中这样描写上海的知名度："就是生长在穷乡僻壤的村夫乡老，虽然没有亲临上海……也会听到或想象到上海的繁华。"与这种繁华成明显反差的是"小渔村"："我们如果把这中国第一大都市已往的历史作一追考，那末这繁华的十里洋场，在八九十年前，还只是一个滨海荒寂的渔村而已，它的臻于繁华，不过是近百年内的事，所以在历史文化上，上海是没有什么记载的。在一世纪前，人们是谁也不知道有上海这个地方的。"他笔下的"滨海荒寂的渔村"，所指的区域非常明确：一是"繁华的十里洋场"，二是时间限定"在八九十年前"，即1843年开埠之前，因而特指租界所在区域。倪锡英是将上海县城与十里洋场分而视之，以"渔村"这个比喻来衬托出十里洋场的繁华，说明租界发展速度之快。

许晚成在1947年《明日之青年》一书中说："距今一世纪以前，上海还不过是一个小小的渔村，自从闭关政策给外来的炮火轰毁了以后，上海才以'通商口岸'繁荣滋长起来。"田世英在1949年出版的《开明新编初级本国地理》中第一册写道:"在百年前,这伟大的都市却是个荒僻的渔村。一八四三年中英鸦片战役之后,订立《南京条约》,中有五口通商一项,上海便是五口之一。从那里起,上海便逐渐繁荣起来。到了现在,不仅是我国第一大埠,在世界十大都市中也是著名的一个。"

1949年6月29日,《申报》邀请著名散文家、上海市通志馆副馆长徐蔚南到新场电台搞直播,主题是"上海的掌故":

上海在现代人看来,已经是世界上的一大都市了。可是很少有人知道,在最初的时候,上海还不过是一个滨海的渔村。那时候上海是一个渔盐之乡,居民依赖捕渔、煮盐为生。上海能够成为今日这样繁荣的都会,原是经过好几次的演变。

渔村一跃为商港。从渔村时期变到上海镇的成立,那是在宋末时代。这时候上海进口的商船渐渐增多,于是置上海镇,设立了市舶提举司。所谓市舶提举司,就是一个专掌外来商船货物税收事宜的机关。从这个现象,可以看出上海已从渔村一跃而为商港。这是第一次的变迁。

在渔村时期的上海,捕获的渔量相当多,如黄鱼、黄花鱼、鲳鱼等所获尤多。现在则上海已成为工商要埠,需要别处将大量的鱼类运入,上海已算不得是一个重要的渔产地,但上海渔轮每年还是有相当的收获。

徐氏的渔村指的是上海这个聚落,时间是上海聚落形成的初期。此前广告公司的"渔村"形象还比较模糊、简单,倪锡英、徐蔚南笔下的渔村渐趋清晰、丰富,定位在"滨海的渔村",专门出海捕捞黄鱼、黄花鱼、鲳鱼。

关于小渔村最丰富的想象和最细致的描写,来自中国图书编译馆的屠诗聘

编写，于1948年出版的《上海市大观》，该书第一章第一节《开港之前的上海城》
中对"小渔村"的日常生活娓娓道来：

> 先翻开七百年以前的历史来说吧，那时的上海，是扬子江淤泥所结成的沙
> 洲，一个极荒凉的渔村，带有小市镇的模样，仅有七八条街道，居民不满一百家，
> 村上的人民差不多都以渔业为生，因此，每家的前前后后，都可以看到许多的渔
> 网和其他捕鱼的工具，左近的小河浜内，经常停着几十只小船。同时还有一大群
> 的家鸭，很自在地游来游去，它们好似一群天真的自由天使，在那个天地里，可以
> 尽情的跳跃。当夜幕展开的时候，"嗒嗒"的织布声远远地清晰可闻，与犬吠声
> 混杂在一起，正像一支美丽调和的交响曲，点缀这荒凉沙滩上的沉寂。他们每天
> 和太阳赛跑，拂晓即起，带着渔网，与江水为伴，开始他们主要的工作——捕鱼，
> 日落而归，大家收拾工具，将一天辛劳所获，载回各人的住所，去享受那家庭天伦
> 之乐，一年三百六十五天，终日度着这"日出而作，日入而息"的生活。

在倪锡英、徐蔚南的基础上，屠诗聘既有继承，更富有创造力。在他的笔
下，这是一个居民不满百家的小村庄，村中有着七八条街道，已经有点小市镇的
模样。村上居民的主业是捕鱼，也有人在织布。"七八条街道"，是依据宋末上海
市舶使董楷在《受福亭记》中的描述所作的推测。"与江水为伴"，将上海定位为
江边的渔村。"'嘟嘟'的织布声远远地可闻"，是元代以来上海地区家庭棉纺织
业的场景。

屠氏或许是受石天籁的影响，将渔村与上海浦、下海浦联系在一起："因上
海为一海滨之渔村，古称沪渎，'沪'者，渔具也，此为沪字的由来。'上海'两字
的端倪，系因其时尚有一'下海'，或本有两个海港，所以有上下之分，地居上游

者就名谓'上海'了。元世祖时（一二八〇年），这一块没有人注意的渔村，竟被发现了，渐渐的改变了它处女的本来面目。当时有一位李姓的知府，看中了这块地方，于是他请求朝廷将华亭县的长人乡、高昌乡、北高乡、新江乡、海阳乡等五乡，划归于沪，设上海为县。"显然，屠诗聘认为上海是由渔村直接发展为上海县，跳过了"上海镇"这个环节。

抗日战争期间，一本日本的旅行年鉴中，认为早先的上海是上海浦旁边的渔村。此后，内山完造在《上海下海——上海生活35年》中写道："从小事上便可见一斑——上海的公共租界基本上是由英国人做主，所有事情都按英国人的风格处理。这是因为英国人不仅在九十年前开放了上海，后来还将上海从一个小渔村变成了今天的大上海。"

小渔村何处是

从现有的民国年间的中文史料来看，上海曾经是个小渔村的说法，最晚在20世纪20年代已经出现。来源多样，有地产商的广告，有散文家的创作，也有教科书。从上面所引的例子来看，将上海比喻为"小渔村""小小的渔村"，是为了显示今昔上海的对比度，强调开埠后上海发展的迅猛。渔村所指向的具体区域有两个，一个是租界，一个是上海县城。地方不同，时间也就不一样，或是八九十年、百年（指1843年上海开埠）前，或是七百年（指元代上海建县）前，或是更早的南宋"上海镇"之前。

英租界最初的区域在今天的外滩以西、河南中路以东的区域，这一区域在开埠前是个什么样的景观？在一些清代人的笔下，是一片荒凉之地，而且坟墓众多。黄钧宰在《金壶七墨》中说："上海城北，故为丛墓之墟。"王韬在《瀛壖

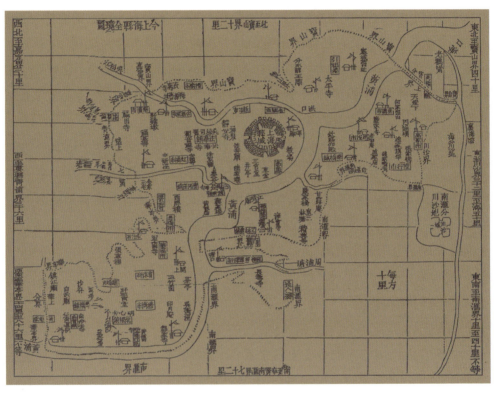

嘉庆年间的上海县全境图,在县城东北有军工厂和营汛的标志

杂志》中所载:"沪自西人未至以前,北关最寥落,迤西亦荒凉,人迹罕至。"《上海土地章程》记载区域内有几条"公路"(不属于私人的道路),均为泥路。记录的地名有"军工厂""冰厂"。军工厂原先在浏河,嘉庆六年(1801年)迁移到这里,负责修理从常熟到南汇一带的清军绿营的七十余艘军船。黄浦口(即吴淞江与黄浦江交汇处)在清代一直被视为是一处要地,嘉庆《松江府志》:"一郡(指松江府)之要害在上海,上海之要害在黄浦,黄浦之要害在吴松所(即吴淞所),

吴松所之要害在李家口。守李家口以拒贼上游,守黄浦口以遏贼横渡。"清代在这里设有闸口汛,先是驻兵八名,后增加到十六名,设千总驻守。附近还有清兵的炮台,发现敌情时放炮报警,称之为"号炮"。冰厂就是传统的冰窖。秋冬之际,先挑选一块空地,挖成长方形的深坑,用柴薪燃烧使之结实。将厂旁的田筑起圩岸,戽入河水。冬天一到,圩中的水结成薄冰时,将它取出后放入坑中,同时加一点食盐。坑里堆满冰后,盖上芦席,再用泥土将它封盖起来。再在上面搭建草房,防止太阳直晒。等到夏天,开坑发售。在20世纪80年代出版的上海地图上,有一条冰厂街,位于香港路以南、四川中路与江西中路之间,就是现在的江西中路460弄。开埠前的军工厂和冰厂都在附近。

数年前,有学者根据道契中的文字描述,复原出开埠前后租界区域的景观,有坟冢、小沟小浜、土路、田野等等,是一片乡村田野景观,没有村落。最初的英租界区域,在开埠前肯定不是渔村。清代人将县城以北地区描绘为人迹罕至、坟墓众多的景象,如丁宜福《申江棹歌》中"沪城北望草离离"之类,有一定程度的夸张。

上海(县城)这个聚落,在北宋时已经设有酒税务,管理酒的交易。村落中有人以捕鱼为生,这种可能性是存在的。江南地区的许多村落、集镇位于河流边上,如果因其坐落在河边就是"小渔村","小渔村"将何其多。正如有的学者所指出的:"不仅是上海,其实任何城镇都是由小到大的。"上海(县城)这个聚落在形成之初,在唐五代或者更早一些,这里的村民有可能在抓鱼,也有可能在熬盐、种植。

上海曾是一座"小渔村"这种说法,从目前所见到的中文史料来看,主要有两种不同的指向。将开埠前的上海县城北门外的区域(即此后的租界)表述为渔村,是为了强调租界这个"上海"的发展之快,强调西方文明对上海城市发展的影响。将上海县城的早期历史表述为渔村,是试图完整地叙述上海从小渔村到县城、到国际大都市的发展线索,但是也强调着开埠对上海发展的巨大影响。

黄浦江

水龙会与巡游

　　黄浦江形成后,上海的许多公共活动就在江上举行。每到五月初五端午节,除了与其他地方相同的赛龙舟外,还有独特的"捉鸭子"比赛。李行南《申江竹枝词》说:"汪家渡头龙舸划,凌家渡头人喧哗。无数湘帘看放鸭,酒船公子斗豪华。"赛龙舟一直在今老城厢东面的黄浦江,喜欢近看的挤在江边,想看全景的登上丹凤楼。凌家渡也是人挤人,大家在看捉鸭子比赛。酒船里的公子买来鸭子,将它放入江中。附近的船夫纷纷前去捕鸭,鸭子潜入水中,船夫也泅水抓捕。一时江中热闹非凡,煞是好看。但是黄浦江上的龙舟并不经常举行,张春华《沪城岁事衢歌》称:"烟树晴薰夏五天,自宜水国泛龙船。如何歇浦涛千顷,箫鼓声稀听渺然。"原因是"黄浦有风波之险也"。

分龙节与水龙会

　　端午节后的五月二十日,是江南地区的分龙节。民间传说,这天小龙要离开自己长大的家,到管辖的区域去生活、工作,负责当地的耕云播雨。上海的消防组织就在这一天组织"水龙会",各救火社人员携带水龙、水管等救火器具,聚集在空旷场地,比赛射水。各个救火社争奇斗胜,全城空巷。因为带有比赛性质,上海道员、上海县知县等官员也会出席观看,并给优胜者颁奖。《上海县竹枝词》是这样描写的竞赛场景:"节届分龙演水龙,一班铜鼓领前锋。仗排后队旗明彩,百道长波喷雨浓。"水龙,是清初由日本传入的一种消防器材,是一种人工水泵,

《点石斋画报》中的水龙会演练

接水的带子称为"水龙带",喷水头子称为"水龙头"。

1852年,公共租界有两家洋行各自建立了义勇消防队,当时称为"救火会"。1866年,工部局成立了火政处。早期的租界消防车,水泵等设备被安装在两轮或四轮大车上,由人力前拉后推。租界早期还没有自来水的时候,是在街头开挖水井,将长数十丈的皮管放入井中或浸入河中,由几个人鼓动水泵将水抽上来,再由水龙头喷射而出,"势如骤雨洒空,滂沱四注"。1880年代出现自来水后,自来水就替代了水井。1884年6月,英租界巡捕房还进行了测试,两辆火龙同时排在老大桥边上,一根皮管接上白渡桥边的自来水龙头,另一根的皮管直接放入黄浦江内吸水,结果是直接吸黄浦江水的火龙出水高度更高。工部局后来引进的水龙更加先进,用蒸汽机来带动机器,减少了人力,而且能将水射得更远。车子也在不断更新,由人拉变为马拉,直到换为汽车。

租界的洋龙会巡游

租界当局同样组织救火会进行比赛和巡游,进而成为租界的一项盛会。华人按传统称其为"水龙会",又称之为"洋龙会"。法租界对举办水龙会比较积极,起初是在每年夏秋之间举行,或者有外国政要来沪时专门表演一次。举办几年后,有时在活动进行时会遇到火警发生,大煞风景。大约在19世纪70年代中,停止每年的例行表演,只在黄浦滩上演练射水。

1789年7月14日,巴黎人民攻占巴士底狱,推翻君主政权,这一天后来成为法国国庆日,当时称之为"民主纪念节"。为了庆祝这一节日,法租界的水龙会安排在7月13日晚间举行。租界救火水龙在法租界前黄浦滩排列成队,"居前者为灭火龙,先扎一纸龙置车上,中烛以火,旁悬五彩琉璃灯,其后十余车装如前式，间以花炮、火球、火镜、火字及西人音乐，光怪陆离，耀人耳目。来观者人如潮涌，昔人所谓'嘘气成云，挥汗成雨'者，不是过也"。

1872年11月29日举行了一次水龙会巡游。从11月2日开始，到29日止，水龙会在《申报》上多次刊登广告，公告巡游路线："本年水龙会拟于本月二十九晚八点半钟，齐集法国租地界公正栈房门外，一经分列班次，点齐火把，即朝北至大英公馆（今外滩源），转西至头摆渡（今外白渡桥西），复南至福利、老旗昌街口（今南京东路、四川中路转角），转西至大马路口（南京东路），复直南过三茅阁桥（今河南南路、延安东路），然后面东至河边，复回北至新关（今海关大楼）散班。所有水龙、登梯各队与及各帮弹压人员，均系按照所领号衣、灯笼数目，自备蜡烛，同时出会，各归各帮，以示踊跃。"巡游路线大致从法租界外滩出发，沿外滩向北至英国驻上海领事馆，转向西沿今苏州河路至头摆渡。从头摆渡往南的道路没有记载，很可能是沿着今天的圆明园路或虎丘路向南，再沿四川中路至南京东路口。从这里沿今南京东路到河南路口，转向南沿河南路到延安东路（当时为洋泾浜），然后向东至外滩，再向北到今中山东一路13号江海关大楼结束。当时的英租界已经扩展到泥城浜（今西藏路）一线，这条路线分布在英、法租界东部区域。

《申报》在12月2日，以《记水龙盛会事》为名，专门作了报道。11月29日晚上，七具公家水龙（各大商行另有自备水龙）在黄浦滩边的公正码头一字排开。各具沙龙的样式各不相同，有用蒸汽机的机器水龙，有人力水龙，最大的一架沙龙装在大轮车上。水龙车上悬挂着五彩琉璃灯，扒梯、扎钩和拆房的工具排列整齐。消防员点齐火把或火球，西乐队奏起进行曲，巡捕执鞭持棒在队列外边维持次序，开始巡游。

各具水龙的消防人员号衣颜色统一，或红或黑，手举的灯笼也是各队各样。

清末租界中的水龙演习

由苏州河北岸的美租界南望,灯如繁星,火如皓月,光如流电,队伍全长近半里。巡游队伍边走边放烟火,"其火标似华人之流星而高入云霄,则华人之流星所万不能及也。其标飞起时直射斗牛,离地极其高远,至顶高之处,忽现一满月形,光明朗耀,大似广寒宫殿。俄而轰裂,则火星万点,咸散堕纷落,盖已星陨如雨焉。一标甫落,一标又起,观者皆目眩神摇,仰面惊诧云"。

1893年11月17日,英租界为了庆贺上海开埠50周年,联合法租界搞了一系列的庆贺活动,规模盛大的水龙会巡游在晚上九点半钟开始。

　　傍晚,黄浦滩北自外白渡桥起,南到法租界十六铺桥止,遍悬明灯万盏,有西式的电灯,也有中式、日式的花灯,同时遍挂彩旗。在怡和码头戈登碑(今北京东路外滩)、大马路(今南京东路)口、外洋泾桥(今延安东路外滩)三处,分别用冬青柏枝搭立高十余丈的牌楼。在江海新关(今海关大楼)和招商局门前悬挂黄色龙旗,其他各洋行大楼悬挂各色灯彩,或照洋房式样结彩悬灯。过了外洋泾桥,法租界就没有灯彩了。在公家花园(今黄浦公园)等三处为燃放烟火的地方。停泊在码头边上的各洋行轮船和停在黄浦江中的各国兵船,也悬挂各色旗帜,江上各轮灯火与岸边灯光相映生辉。

　　晚上九点半,英、法、美三国的洋龙皮带车在中泥城桥(芝罘路口)附近排列整齐,装饰各异。据孙玉声《沪壖话旧录》:"入晚,各救火区之各洋龙,及皮带车,俱盛饰彩绸,逐队游行。有扎成龙船式者,甚形绚烂。救火员咸身穿制服,头戴救火铜帽,手擎铜制之火油炬,列队相随。前驱有马巡捕开道,继之以台阁西乐、军队、巡捕队等。沿途施放爆竹。浦江内之船上,则以爆竹欢迎之。"除了洋水龙外,还有的西人手拿铁叉、铁斧等拆屋工具,紧跟在后,五十余名外国商人边走边唱,六十余名水手边走边奏乐器。巡游队伍从大马路向东到黄浦滩,转北到英国领事馆。计划是华人巡游队伍在这里会合,等了一段时间没有见到人影。于是转向黄浦滩后面的马路巡游。路上正好遇到华人巡游队伍,巡捕担心巡游队伍太长,就让华人巡游队向西边马路,水龙会队伍向南,分道而走。直至晚上十一点钟才告结束。

作为景观的外滩

从"黄浦秋潮"到"浦滨步月"

明代的黄浦江,涨潮时江面潮水汹涌,是上海著名景观。明代人曹泰有诗描写晚潮景象:"月照黄龙浦水黄,南飞乌鹊夜茫茫。晚潮天接海门近,秋草城埋沪渎荒。"清初朱彝尊也有诗:"极浦连天阙,惊涛壮海门。"

1916年望云山房发行的《孽海花》

清前期，"沪城八景"已经是上海县的主要景观，画家作有"沪城八景图"。位列第二的就是"黄浦秋涛"。乾隆年间，李行南《申江竹枝词》谓："三江入海接潮还，申浦秋涛涌若山。若使天公助灵秀，飞来四五个烟鬟。"叶栋的《登丹凤楼观黄浦》一诗，也是描写黄浦江秋潮的："潮声澎湃动城隈，城上高楼亦壮哉。门向朝阳城市远，窗迎晴旭海云开。洪波疑是河源泻，浊浪遥连山势来。极浦茫茫心意旷，危梯欲下更徘徊。"张思曼集唐人诗句作《沪城八景》："江色分明练绕台，水天东望一徘徊。风翻白浪花千片，涛似连山喷雪来。"

开埠初，黄浦秋潮仍是"水天一色，颇极壮观"。

大致在1873年，有人又拟了一个"沪北十景"，第九、十景分别为"夜市燃灯"和"浦滨步月"。"浦滨步月"又称"浦滩步月"："万里长空一镜磨，楼台倒影入江波。此邦亦有清凉境，搔首何人发浩歌。"小说《孽海花》中有一段浦滨看月的描写，陈千秋"在寓吃了晚饭，看着钟上正是六点，走出了寓来，要想到虹口去访一个英国的朋友。刚走到外白渡桥，在桥上慢慢的徘徊，看黄浦江的景致，正是明月在地，清风拂衣，觉得身上异常凉爽，心上十分快活"。

外滩公园和欧战纪念碑

清末至民国初年的上海指南类图书中，对黄浦江及其景观的介绍，除外滩公园外，主要有列入"古迹"类的黄浦，以及黄浦滩、外滩公园等。

光绪三十一年（1905年）出版的《上海杂志》（作者为吴县藜床卧读生）是这样记录"公家花园"的："公家花园在白大桥南岸，奇花异卉大都来自欧洲，紫姹红嫣，名色各异，不特目所未见、耳所未闻。入其中者但觉细草如茵，落花成阵，芊绵葱翠，一望无垠。每值礼拜之期，西人多挈眷来游，或携手纵观，或倚阑细数,夕阳西逝,缓缓而归,亦热闹场中一片清凉世界也。惟门禁甚严,故华人鲜有问津者。"

商务印书馆是当时国内最大的出版机构,在对社会各界进行了广泛的调查、统计后,于宣统元年(1909年)出版了第一版《上海指南》。在卷2《北市大概》中,将黄浦滩作了重点介绍:"若黄浦滩一带,前临江水,后接高楼,凭眺之余,尤足荡涤烦襟。"在卷8《园林》中,专门介绍了"租界公园":"一园为工部局所建,以为各国人休业时游观之地也。在苏州河、黄浦江交会处外大桥南、浦滩路东,总门在东南隅。入门有巡捕住屋。东南、西南均有石叠小山,东南山巅覆以笠亭。入内道路回环,中辟草地,草地四围有矮铁阑曲曲环列。园中有西式乐亭,亭后列石台,台旁置铜鹤三。左右前后各建茅亭、花棚藤架,布置咸宜。"在1922年出版的《上海指南》中,已经将黄浦江列入了"名胜古迹"目:"黄浦,在县东。相传楚春申君黄歇所凿,故名。或云浦底有六泉,味甘洌,如扬子江之中冷泉。浦水自詹家汇东流入县境,过闵行镇,至邹家寺折而北,俗呼长十八里。又北至龙华港,迤东北,绕上海城,合吴淞江。又折而北,至界浜。西北至老鹳嘴,又东北入于海。"

1914年,作为英租界和法租界分界处的洋泾浜被填浜筑路,以英王爱德华七世之名命名为爱多亚路。第一次世界大战结束后,两个租界决定共同建立一个纪念碑,地点就在爱多亚路口,俯临黄浦江。下为竖直的高大石碑,高约两丈。上立黑色和平女神铜像,"双翼高展,两孺子怡然牵裾,分立左右",祈求永久的和平。因此又称"和平女神像"。于1924年2月16日举行揭幕典礼,近万人参加。此后,和平女神像也成为外滩的主要景观。1930年版《上海指南》卷首收入有"南京路"和"黄浦滩"照片,有的研究认为:"这是上海地标从单独地点发展成为一条道路和一个区块的案例,单点扩大的结果,使能见度相应增强。"与外滩相关的景点介绍有"外白渡桥""黄浦滩公园""欧战和平女神碑",一头一

老明信片中的外滩公园全景

尾,使外滩整体作为上海的地标呈现。

1934年,由中国旅行社编写的《上海导游》,专门给外地游客设计了上海半日游和一日游的游程:

(一)半日游程　假定由南京路浙江路口出发,可乘一路二路电车或一路公共汽车往静安寺,下车后游寺赏泉。再乘二十路无轨电车或人力车至兆丰公园一游,然后雇汽车至龙华,登塔瞻佛。游血花公园。雇人力车游惠家花园,即毕,仍返龙华,乘汽车至半淞园,或乘人力车至高昌庙,换乘四路华商电车至半淞园。入园品茗泛舟,仍乘四路华商电车至西门,雇人车车游邑庙豫园而返。

(二)一日游程　上午搭一路电车或一路公共汽车游虹口公园。出园仍搭一路车,到外白渡桥下车,游外滩公园,沿外滩观欧战纪念碑。折入爱多亚路,至天主堂街,一观洋泾浜天主堂。南行入新北门,由福佑路进豫园,品茗进点。下午出城隍庙,东行至小东门,搭华商二路电车至高昌庙,换乘四路电车至半淞园。出园雇人力车至龙华,游寺及园,搭市公共汽车至西门,雇人力车游文庙公园及市动物园。既毕,再雇车游法国公园。如时间尚多,可驱车至静安寺。

这个游程,设计者考虑到了交通路线的问题。从中也可以看出,当时的游玩以公园或园林为主。外滩本身作为一个游玩项目,还排列在后。在这个一日游的线路中,外滩主要是观赏南北两端的主要景点:外滩公园和欧战纪念碑。

从单一到整体

抗战胜利后,中华书局出版的《上海手册》,在"风景名胜"下列有公私园林、名胜古迹两大类，黄浦被列入"名胜古迹"，仍是一种传统的介绍："俗称申江，相传为战国时楚相春申君黄歇所凿，故又名黄歇浦。首受三泖诸水，东流会吴淞江入海。传说浦底奉六泉，味甘洌，如扬子江之中冷泉。"早期的指南书没有将外滩列入景观，一是受传统的分类法，黄浦江或外滩归入各类都不合适，只能将黄浦归入"古迹"一类。

《上海胜迹略》一书列有"古迹"一门，收录有黄浦江："上海最早的古迹是黄浦江，相传是战国时楚相春申君黄歇所凿。年代既遥，又乏文献可征，考证已属不易。其他如吴淞江和沪渎垒，均见于晋魏前记载；龙华塔是三国时遗建，旗椿石是韩蕲王遗迹，亦均流传闾巷，童叟咸知。兹就尚有遗址可寻的古迹，分别简叙于次。"首列"黄浦"："一名春申江，简称申江。上承太湖淀泖而来的水，自詹家汇东流入上海县境，过闵行镇，至邹家寺。折而北，俗呼长十八里。又北过龙华港，迤东北绕上海市心脏区，会吴淞江，转东北流，至西沟，再折而北，过界浜口，西北至老鹳嘴，又东北，入于扬子江。相传浦底有泉，味甘洌，如长江的中冷泉，今不可考。"排列在黄浦之后的有沪渎、龙华塔、老宝山、国父故居（孙中山故居）等等。

1948年出版，由上海市文献委员会同人撰写的《上海通》手册，除了"今日之上海""上海风景线""上海的博物馆""上海花鸟志"等概貌性介绍诸章外，还专门有"黄浦滩漫步"和"城隍庙"两章，重点介绍了最能代表上海的现代和古典的风景名胜。"黄浦滩漫步"这一章，先是概括性地介绍了黄浦滩的过去：

你可知道，黄浦滩在百年以前是个什么样儿？不过是天天迎受着潮汐的一个浅滩，中有一条牵道，在那上面刻着船夫的脚印。但现在可是崇楼高耸，码头林立，好大气派！成为远东唯一的一个埠头了。

在开埠的当时，一般西人就爱在"夏天的傍晚，乘牛头小车，来往于宽阔的黄浦滩"。而今虽然车挤人挤，走起来有些紧张，我们不妨也来观光一番，看看百年来的黄浦滩究竟是怎样一点点建造起来的。

接着，详细介绍了外白渡桥、英国领事馆、法商东方汇理银行、怡和大厦、荷兰安达银行、中央银行支部（原横滨正金银行旧址）、中国银行、华懋大厦、汇中饭店、麦加利银行、友邦银行、中国农民银行（台湾银行旧址）、中央银行、交通银行、江海关、汇丰银行、民生实业公司、中国通商银行、财政部税务署、招商局、有利银行、上海总会、亚细亚火油公司办事处等原英租界外滩的各幢大楼的来历，以及洋泾浜的变迁。对于法租界外滩，作者认为"那里的景象同北面有些两样，参错杂乱，没有真正伟大的建筑，也没有壮丽华美的气概"，还是介绍了法国驻沪总领事馆和太古公司的建筑。与当时已经出版的各种指南类、导游类书籍相比，《上海通》编纂者已经将浦西外滩整体作为一个景观。

1940年的外滩

外滩十六铺,昔日码头林立,今日成为景观的一部分

黄浦江的今天

　　黄浦江和它的前身——黄浦、上海浦，见证了上海这个聚落从一座江南小村庄发展为一个县城，又随着西潮的东来发展为我国近代化程度最高、城区面积最大、人口最多、工商业最发达的国际性大都市。以水兴市，黄浦江孕育了上海。上海商业的兴起和对外交流的增长，又促进了港口的繁荣，港口和城市相得益彰。从这个意义上说，黄浦滩就是上海滩。

　　20世纪二三十年代以来，不断有在黄浦江上建造桥梁或隧道、开发浦东的呼声。1971年6月，打浦路隧道正式通车，但以货运为主；1980年，上南路至打浦路的公交隧道专线（后改名隧道一线）通车，附近的居民过江不用再乘轮渡。1976年黄浦江大桥（即今松浦大桥）建成，但是在郊区，对改善市区的交通作用不大。1988年在市中心建成了延安东路隧道，市中心过江难的问题才有所缓解。

　　黄浦江两岸真正连成一体，是在1990年浦东开发开放后。1991年，市区首座跨越黄浦江的大桥——南浦大桥建成，此后杨浦、奉浦、徐浦、卢浦、闵浦等大桥陆续建成。隧道也在不断增加，从黄浦江下游到上游先后建成外环越江、长江路、翔殷路、军工路、大连路、新建路、延安东路、人民路、复兴东路、西藏南路、打浦路、龙耀路、上中路、虹梅南路等隧道。这些大桥和隧道极大地方便了黄浦江两岸的交通，过江时间从早年乘轮渡的两三个小时，缩短到六七分钟，轮渡码头

逐渐冷清下来。这些大桥、隧道在改变着人们的过江方式、黄浦江两岸景观的同时，更在改变着上海市民的心态。

上海港是我国最大的港口。近代以来，上海港港区主要分布在黄浦江两岸。港区的陆域受条件限制，纵深太短，库场狭小，制约着港口的通过能力。长江口航道水深仅7米，限制了大吨位船舶的进出。1991年南浦大桥建成后，黄浦江上游的港区明显受到通航限制的影响。20世纪90年代起，开始在长江口南港航道南岸建设外高桥港区——可以接纳第三、第四代国际集装箱为主体的深水港区。2005年12月，洋山深水港区（一期工程）顺利开港。上海港的空间分布已经从黄浦江两岸转移到长江南岸和洋山港。

随着浦东的开发开放，黄浦江已经从原先城市"边缘"的河流，演变为上海城市空间的核心，它的景观和功能必须作出调整和提升。近代以来，黄浦江两岸主要分布着码头、仓库、工厂，生活服务用地的比例极小。进出黄浦江的船舶污染严重，运送的一些货物如化工原料也可能有隐患。港区与市区混杂，一方面，港区制约了城市功能的提升；另一方面，市区也限制了港区的发展。随着上海港区的外移，从2000年开始，黄浦江两岸由生产性岸线向公共开放空间转型。2010年举办的上海世博会，就是黄浦江两岸空间转型的重要实践和展示，将布满工厂、仓库、码头的工业地带转化为公共开放空间，充分反映了一个城市可持续发展的能力。与此同时，严格保护滨江地区的历史文化风貌区和历史建筑越来越受到重视。滨江城市空间渐趋人性化、整体性，在外滩一带，将过境交通转入地下，方便了游人的观光。

通过"十二五"期间的综合开发，黄浦江两岸地区已经成为串联外滩—陆家嘴、世博园、前滩、徐汇滨江等重点区域的发展轴线,景观生态轴初步形成,产业结构由生产功能为主转向金融、航运、旅游等现代服务业,两岸形成滨江绿带约26公里并向绿地公园、亲水岸线和高品质的公共活动空间转换,浦东的上海船厂、浦东的黄浦老码头等历史建筑进行了保护性更新,提升了滨江地区的文化魅力。

2016年,市政府批准《黄浦江两岸地区发展"十三五"规划》。规划范围为吴淞口至闵浦二桥之间的黄浦江两岸,长约61公里,控制面积约144平方公里。黄浦江两岸地区作为上海重要的生态廊道,为上海建设成为卓越的全球城市提供了支撑空间。规划到2020年,实现中心区段(杨浦大桥至徐浦大桥两侧约45公里岸线)滨江公共空间全面贯通,新增滨江绿地及公共空间面积约210公顷、亲水岸线约20公里,初步形成类型丰富、舒适宜人、功能完善、和谐共享的滨江公共开放空间体系。规划中的杨浦大桥至徐浦大桥段的黄浦江两岸公共空间贯通,在2017年底已经完成,2018年元旦向市民开放,市民可以在这里漫步、休闲、观光,成为上海居民和外地游客休闲的好地方。贯通的两岸公共空间,也为体育、文化、旅游等功能的积聚创造了条件,成为"可漫步、可阅读、有温度"的魅力水岸空间,成为全球城市生活核心的美好舞台,引领浦江两岸逐步塑造为世界级的滨水区域。

黄浦江两岸滨江空间建设,将丰富滨水特色活动,丰富滨江游憩体验;重塑黄浦江文化品牌,推动各种文化交流;展现城市历史文脉,探索各类历史建筑的保护利用与转型发展;引领产业转引。黄浦江仍将引领、见证上海不断的发展。

北外滩绿地彩虹桥

后 记

　　上海通志馆落成于1996年,位于浦东新区王港镇,是上海市地方志办公室下属的二级事业单位,主要承担上海地方资料和方志资料的搜集、整理和研究工作,是发展和繁荣上海地方志事业的重要机构。2011年,经上海市人力资源和社会保障局批准,核定为"以管理岗位为主的事业单位",属公益1类。上海通志馆其历史渊源可追溯至1932年以柳亚子为馆长、朱少屏为副馆长,徐蔚南、胡怀琛、蒯世勋、席涤尘、胡道静等一批学者为馆员,成立于上海法租界的上海市通志馆。新时期的上海通志馆在续写百年发展史的基础上,正在建设成为上海唯一的和综合性的当代地情资料中心。今通志馆馆藏全国省、地、县新编地方志书三万余种,全国省、地出版的地方综合年鉴及上海地情资料万余种,上海出版的首轮志书(包括市级一部10册46卷,10部县志,12部区志,110部专志)百余种。

　　根据《全国地方志事业发展规划纲要(2015—2020年)》提出的"坚持修志为用"的基本原则以及"提高地方志资源开发利用水平"的主要任务,上海通志馆推进实施了"上海地情普及系列丛书"计划。为献礼中华人民共和国成立70周年和上海解放70周年,讲好上海故事,2019年系列丛书推出了关于上海源、苏州河、黄浦江、老城厢、古名镇的精品著作,依靠社会力量集体重构上海城市记忆。

　　这套丛书将大部头、小众化的地方志转化为通俗易懂的地情知识,具有以下特点:准确性,广泛利用权威方志、年鉴及其他地情资料;代表性,以上海本土重要的地情、地域、地理和地标为核心;权威性,汇集上海历史和地域文化研究领域中的名家学者;普及性,以通俗化方式向大众普及上海发展历史和优秀文化。上海通志馆后续还将选择能够反映时代历史巨变、描绘时代精神图谱的系列主题,持续精心打造"上海地情普及系列丛书",努力推进方志文化的通识教育,为上海史研究工作提供系统、完整、丰富的史料,为百姓留下喜闻乐见的文化普及读物。

　　本系列丛书由上海通志馆副馆长吴一峻组织总实施,杨杨博士协调专家学者。由于资料来源、编写水平等方面的局限,对于书中存在的挂漏讹谬之处,望方家不吝指正!

编者

2019 年 5 月

图书在版编目（CIP）数据

浪奔浪涌黄浦江/上海市地方志办公室主编；傅林
祥著.—上海：学林出版社，2019.8
（上海地情普及系列丛书）
ISBN 978-7-5486-1553-8

Ⅰ.①浪… Ⅱ.①上…②傅… Ⅲ.①黄浦江—文化
史 Ⅳ.①K928.42

中国版本图书馆CIP数据核字（2019）第158301号

责任编辑 李晓梅

整体设计 姜 明

封面设计 魏 来

摄 影 郑宪章

图片提供 高洪兴 张锡昌 傅林祥

封面题字 王依群

特约审校 王瑞祥

浪奔浪涌黄浦江

上海市地方志办公室 主编
傅林祥 著

出　　版 学林出版社
　　　　　（200001　上海福建中路193号）
发　　行 上海人民出版社发行中心
　　　　　（200001　上海福建中路193号）
印　　刷 上海丽佳制版印刷有限公司
开　　本 720×1000　1/16
印　　张 12
字　　数 15万
版　　次 2019年8月第1版
印　　次 2019年8月第1次印刷
ISBN 978-7-5486-1553-8/G·602
定　　价 65.00元